全国高校公共基础课教材
课程思政与大学语文课融合教材

新理念

XIN LINIAN

大学语文

第2册

DAXUE YUWEN

主编 梁彦民
编者 李靖华 田 靓

北京语言大学出版社
BEIJING LANGUAGE AND CULTURE UNIVERSITY PRESS

图书在版编目（CIP）数据

新理念大学语文．2 / 梁彦民主编 ；李靖华，田靓编．-- 北京 ：北京语言大学出版社，2022.9
ISBN 978-7-5619-6144-5

Ⅰ．①新… Ⅱ．①梁… ②李… ③田… Ⅲ．①大学语文课－高等学校－教材 Ⅳ．① H19

中国版本图书馆 CIP 数据核字（2022）第 155511 号

新理念大学语文 第 2 册

XIN LINIAN DAXUE YUWEN DI 2 CE

排版制作：北京创艺涵文化发展有限公司
责任印制：周 燚

出版发行：北京语言大学出版社
社 址：北京市海淀区学院路 15 号，100083
网 址：www.blcup.com
电子信箱：service@blcup.com
电 话：编 辑 部 8610-82303390
发 行 部 8610-82303650/3591/3648
北语书店 8610-82303653
网购咨询 8610-82303908
印 刷：天津嘉恒印务有限公司

版 次：2022 年 9 月第 1 版 印 次：2022 年 9 月第 1 次印刷
开 本：787 毫米 × 1092 毫米 1/16 印 张：12
字 数：184 千字
定 价：48.00 元

PRINTED IN CHINA
凡有印装质量问题，本社负责调换。售后 QQ 号 1367565611，电话 010-82303590

《新理念大学语文》编委会

编写说明

大学语文是高等教育课程体系中一门基础性、综合性课程，是对大学生进行语文综合能力训练、培养其人文素质、涵养其人文情怀的重要课程之一。为适应新时代高等教育发展与人才培养的需要，为课程有效实施而编写的大学语文教材须担负起这一重要使命。

《新理念大学语文》教材秉承新目标、新内涵、新内容、新模式的“四新”编写理念，突出引导、实用、适用、科学的编写特色，坚持“语言能力和语文能力双向提升，基础训练和应用强化协同发展”的编写原则，在系统总结、综合借鉴各家大学语文教材、优秀语言类教材的基础上，在目标、体例、选文、练习设置等方面均有所创新。

教材特色

本套教材名为《新理念大学语文》，编写理念可以概括为“四新”，即：新目标、新内涵、新内容、新模式。

- 突出课程思政的新目标，培养家国情怀与文化自信
- 突出“语”“文”并进的新内涵，促进语言能力与人文素养全面提高
- 突出具有时代特色的新内容，兼顾语言材料的经典与鲜活
- 突出教材编排的新模式，创新设置“微”技能训练板块

◎ 突出课程思政的新目标，培养家国情怀与文化自信

高校人才培养是育人和育才相统一的过程。为贯彻落实中共中央办公厅、国务院办公厅《关于深化新时代学校思想政治理论课改革创新的若干意见》，2019年以来，教育部先后颁布了《普通高等学校教材管理办法》《高等学校课程思政建设指导纲要》，为解决好培养什么人、怎样培养人、为谁培养人的根本问题指明了方向，为全面推进课程思政建设、实现全员全程全方位育人提供了遵循。其中

《普通高等学校教材管理办法》明确指出，高等院校教材须“体现马克思主义中国化要求，体现中国和中华民族风格，体现党和国家对教育的基本要求，体现国家和民族基本价值观，体现人类文化知识积累和创新成果”，要“充分体现社会主义核心价值观，加强爱国主义、集体主义、社会主义教育”。大学语文课程和教材肩负着对学生开展国家认同教育、思想品德教育、公民教育、职业教育以及提升其个人修养、培养其幸福能力等重任。

本套教材的选材、编写突出课程思政的新目标，坚持知识传授和价值引领相统一，实现价值塑造与知识传授、语文能力培养一体化推进，在语料选择、模块编排、练习设计等各环节精心处理，着力培养学生的爱国主义精神、家国情怀与文化自信。

◎ 突出“语”“文”并进的新内涵，促进语言能力与人文素养全面提高

人们通常认为，大学生到了高等教育阶段就很少存在基础的语言问题了，但经过大量调研，我们发现很多大学生虽然已经到了大学阶段，但是在普通话发音、词语运用以及语言表达的逻辑性、准确性、规范性等诸多方面却仍存在不少问题，这些问题如不很好地解决，大学生走向社会后将面临很多交际困扰，甚至影响沟通的质量和效率。

因此，大学语文课堂教学和教材编写要在培养学生爱国主义精神、家国情怀与文化自信，提升学生人文素养的基础上，着力提高他们的语言能力和语言应用能力。本套教材在新时代教材建设、课程思政建设指针的引领之下，突出“语”“文”并进的新内涵，促进语言能力与人文素养的全面提高。教材在认真总结、全面吸收语言教育教学经验的基础上，强调语文应用能力的培养，强调实践性、互动性、扩展性。每个板块练习的设置尽量满足师生需求，设置师生、生生可互动的练习，要求学生走出课堂，走向社会，实地运用所学知识，让大学语文课堂不再是教师“一言堂”，而成为学生思想交流、碰撞的场所，让语言真正成为交流的工具。在这一过程中，培养学生的爱国主义精神、家国情怀与文化自信，同时提高学生的语言能力、逻辑水平、分析能力以及对社会的洞察力，实现“语”“文”全面发展。

◎ 突出具有时代特色的新内容，兼顾语言材料的经典与鲜活

肩负全面提高学生的语言能力与人文素养重任的语文教材必须具有鲜明的时代特色。我们就大学语文教材建设在高校的师生中进行了调研。学生普遍反映的问题是，大学语文教材的内容陈旧，已经与当下新时代的中国社会有了一定的距离，文章的社会与时代背景复杂，影响了对课文人文内涵的学习与吸收，不少教材教授的内容与实际生活也有距离，课堂上师生互动少。教师普遍反映的问题是，教材与生活、社会离得太远，有的教师索性抛开教材，自己准备课堂教学的内容。

本套教材遵循课程思政的新要求，突出具有鲜明时代特色的新内容，兼顾语言材料的经典与鲜活，既强调精选经典的人文名篇，同时也吸纳能够反映新时代中国社会风貌的文章，拉近语言材料和学生的距离，增强教材的趣味性。教材设定的话题、选择的语料在培养学生爱国主义情怀的总目标下，尽量贴近学生生活，力求润物无声，坚定有力。例如，第一册中的“童年”“味道”“故乡”“家风”等话题意在培养学生的家国情怀，第二册中的“建筑”“非物质文化遗产”“中医中药”等话题强调树立学生的文化自信。教材中既有老舍、傅雷的作品，又有袁隆平、钟南山的故事，内容鲜活丰富，观点角度多维。

◎ 突出教材编排的新模式，创新设置“微”技能训练板块

针对教材的编排模式，在调研中很多教师反映，现在的教材普遍比较厚，一课的内容很多，而且各部分缺少内在联系，练习的交互性也不够，教师上起课来很难操作，备课压力大。本套教材在综合各家大学语文教材与优秀语言类教材优点的基础上，创新教材编排模式，设置了“主课文”和“微”技能训练板块。其中“主课文”承载本课话题主旨，综合体现课程思政的要求目标、“语”“文”并进的内涵；“微听力”“微朗诵”“微阅读”“微写作”“微交际”板块则着重突出语言应用。“微”的内涵在于“精”，意味着量不大，便于展开操作。这些板块紧密围绕本课的话题主旨，从听、说、读、写、综合运用等不同方面对学生进行语言训练，紧凑而精当，全面而实用。

例如：第一册中的“爱国”话题，“主课文”是叶永烈写的一篇关于钱学森的文章；“微听力”是对袁隆平的一段采访；“微朗诵”节选自梁启超的《少年中

国说》；“微阅读”是一篇节选自《光明日报》的题为《弘扬家国情怀 践行核心价值观》的文章；“微交际”要求学生走出课堂进行调研，形成报告；“微写作”则要求学生对“爱国”这一话题进行深入思考，形成文章。这样多模块、多维度解读“爱国”这一话题，学生会形成深刻、直观、立体的印象，并内化于心，实现语言能力与人文素养的全面提高。

使用建议

◎ 课时建议

每课建议用 4 课时完成。第 1、2 课时完成“主课文”，并把“微交际”“微写作”布置给学生；第 3、4 课时完成“微听力”“微朗诵”“微阅读”，并让学生展示课下准备好的“微交际”“微写作”。

◎ 主课文

“主课文”体现了一课的话题主旨，教师要充分重视主课文的思想性，建议讲授课文前对作者以及作品背景进行充分介绍。教师可采用“学生逐段阅读—教师逐段讲解”的方式，着重讲解文章反映出的思想、文学手法、语言特点等，也可要求学生就文章某一方面谈个人理解和看法。在这一过程中，教师要及时对学生的思想认识、道德情操、人文情怀进行引导与教育。

“主课文”的课后练习大约有六项，涉及对课文的理解练习、普通话发音练习、选词填空、易混词辨析、语句排序及拓展练习等。教师可根据学生水平安排课上处理这些练习或留作课后作业。

对课文的理解练习主要考查学生对全文的宏观把握程度。教师可把这些问题融入课文讲解过程中，一并解决。

在普通话发音练习中，每一组第一个词语都出自课文，第二个是发音相似的词语。建议教师在课堂上带读词语，并请学生朗读，必要时，纠正学生不标准的发音。

选词填空题要求学生先根据拼音写出词语，再选择合适的词语填到句子中。我们选择书写复杂、书写易错或易写成别字的词语进行练习。这道题帮助学生进一步夯实语言基础，提高语文能力。

易混词辨析题有三组左右易混词，每一组中第一个词语都出自课文，第二及第三个是易与其混淆的词语。学生需要选出合适的词语填到句子中。每组词语的辨析讲解设置在书后练习答案部分，供教师和学生参考。

语句排序题的内容和本课话题有关，主要考查学生的语言逻辑能力。学生可通过训练获取更多和本课话题相关的知识。

拓展练习重点围绕“主课文”涉及的内容进行，主要训练学生在海量信息中提取有效信息的能力。有的要求学生对作品的内涵进行多角度思考，有的要求学生查找作者更多作品，等等，在查找、了解的基础上，学生要总结、归纳、概括。

◎ 微听力

“微听力”是本套教材的特设板块，这部分主要训练学生听后抓取主要信息的能力。现在不少大学生缺少专注地听、听后归纳主要内容、听后记写的训练，这导致他们虽然听了，但没有听到“点”上，没有获取材料的中心思想，没有注意到有用信息，听的效率低下。所以建议教师深刻理解这道练习设置的意义，按照题目要求训练学生，提高他们听的质量和效率。

◎ 微朗诵

“微朗诵”多为古今名篇，与本课话题相关，内容朗朗上口，适合大声诵读。建议教师不要对这些名篇进行过多讲解，而是或带领学生朗读，或让学生自己大声诵读，感受古今美文的韵律和美感，这样的练习对学生是一种无形的熏陶。教师可要求学生将诵读的音频发送到班级群，学生可互相欣赏，也可请个别学生在课堂上诵读，或举办诵读比赛，使大学语文课焕发勃勃生机。

◎ 微阅读

“微阅读”主要训练学生对篇章的理解能力，内容与本课话题相关。学生通过阅读，可加深对本课话题的理解。建议教师不要过多讲解文章，而是着重训练学生快速阅读、读后理解、精准把握文意的能力。这一板块的练习题基本上都是为提升这些能力设置的。第二册的“微阅读”主要为文言文阅读，练习还考查了学生对古汉语基础知识的掌握情况。

◎ 微交际

“微交际”要求学生走出课堂，走向社会，进行调研。这是语文课从学习到应用的关键环节。这一过程意在培养学生的语言综合应用能力，培养学生的勇气和自信，强化学生调查研究的意识，提升学生在众人面前演示演讲的能力。将课堂交还给学生，学生可充分发表自己的见解。有时学生之间的学习、借鉴比教师一人的讲授更重要。

◎ 微写作

“微写作”主要训练学生的书面表达能力。这部分基本都是要求学生围绕本课主题查找更多资料，对本课各板块的内容进行整合、归纳，并进行深入思考、提升，在此基础上形成一篇有信息含量、有思想深度的文章。这种训练对学生日后走向职场大有裨益。建议教师充分重视这一板块，重视对学生文章的讲评与分享。

为进一步体现课程思政的新要求，加强对大学生语文素养的培养，提高大学生语文应用能力，我们在对部分院校进行专项调研分析的基础上，根据课程教学与师生的实际需求，策划研发了《新理念大学语文》系列教材。希望这套全新理念的大学语文教材能给广大教师带来耳目一新的感觉，让大学语文课堂焕发出生机和活力。

感谢提供调研支持的各个院校，感谢参与调研并提出很多宝贵建议的各位老师。在教材编写过程中，我们从国内出版的各种书刊以及网络上参考或选用了一些适合大学生学习的语料，在此，我们向原作者表示诚挚的感谢。由于种种客观原因，目前我们无法与所选语料的原作者一一取得联系，希望原作者看到本教材后与我们联系，我们将按照有关规定支付稿酬。

最后，感谢各位老师和同学选择本套教材，欢迎大家对教材中可能存在的疏漏和错误提出宝贵意见和建议。

编者

2022 年 2 月

目　录

第 1 课 女性的光辉

妇女是物质文明和精神文明的创造者，是推动社会发展和进步的重要力量。没有妇女，就没有人类，就没有社会。

——2015年9月27日习近平在全球妇女峰会上的讲话

女性的光辉

女性，是女儿，是妻子，是母亲，是祖母……在不同的时代，美丽纤弱而又智慧坚强的她们推动着社会的变革与进步，又散发着母性的善与美、光与热。古今中外有数不胜数的优秀女性，她们在政治、经济、科技、文化、外交等很多领域都做出了不可磨灭的贡献。她们顶天立地，心怀博爱，无私无畏，智慧灵动，撑起了家与国、安宁与繁荣的一片天。这，就是女性绽放出的时代光辉。

主课文

最贤的妻，最才的女[①]

课前提示问题：

1. 你对杨绛了解多少？和同学分享你了解的杨绛。

2. 谈谈你认为的“贤德之妻”的标准。你身边是否有这样的女性？

“不乱于心，不困于情。不畏将来，不念过往。如此，安好！”——杨绛先生将丰子恺[②]的这段锦言妙语参透凿凿。

杨绛

于时光的荒野里，她始终如兰芷，如清水，在这纷繁的尘世里寂静欢喜。

她虽生于乱世，却自始至终怀有一颗与世无争之心。外界给了她颇多赞誉——坚忍、从容、睿智、宁静……但这些于她不过浮华如花，开过即谢。她并不曾为此动容，也不曾改变过一分一毫。她始终还是那个如深谷幽兰般的女子，在岁月里温婉如初。

这个生于江南书香世家的女子，身上有着水乡女子的温柔婉约，却又蕴藏着北方女子的傲骨。婉约和傲骨，在她的身上完美地融为一体，仗义的律师父亲给予她最大的成长空间，也为她以身作则，教会她什么是“刚正不阿”；贤惠的母亲，则以中国传统女性的柔软，教会她什么是“包容忍让”。

或许，正是这样，她在尝尽了人生百味之后，依然可以淡泊从容地度过一生。她曾说：“一个人经过不同程度的锻炼，就获得不同程度的修养、不同程度的效益。好比香料，捣得愈碎，磨得愈细，香得愈浓烈。”也正如有人所

---

① 本文作者桑妮。桑妮，当代作家，作品以女性传记文学为主，著有《民国女子：她们谋生亦谋爱》《若无相欠，怎会相见》《且以优雅过一生：杨绛传》等畅销书。本文选自《且以优雅过一生：杨绛传》，有少量删改。题目为本书编者所加。

② 丰子恺：1898—1975，著名书画家、文学家、散文家、翻译家，被誉为“中国现代漫画鼻祖”。

说："我们曾如此渴望命运的波澜，到最后才发现：人生最曼妙的风景，竟是内心的淡定与从容……我们曾如此期盼外界的认可，到最后才知道：世界是自己的，与他人毫无关系。"从某种意义上来说，大彻大悟的超脱便是如此吧。

百年岁月，在苍茫的历史洪流中不过是弹指一挥间，然而在一个人的身上却是一段至为漫长的时光。从出生到去世，她跨越了一个多世纪，跨过了105年，但岁月的风尘未曾真正侵蚀过她的风华。多年前，她深爱的、也同样深爱她的男子钱锺书曾给予她一个至高的评价："最贤的妻，最才的女。"

诚如斯言，在她之后，世间或许再没有谁可以当得了这一赞誉。唯有她，在喧嚣躁动的时代里，依然给人一剂温润慰藉，让人看到活着真有希望、活着真美好的女子，才可担当得起。在她的身上，你会忘掉时间的残酷：一百多年的漫长岁月，在她荣辱悲欢的绝代风华里锻造出她柔韧、淡泊、独立的人格魅力，给人以力量和温暖。

在与钱锺书的爱情里，她虽然满腹诗书，却甘于做锺书背后的女人，于舍得里退去光华，为丈夫默默撑起一片晴好的天空。从不谙世事到成为操持家务的能手，她用包容和爱点亮了家的灯。在学识里，她也从未怠惰过，而是始终保持谦虚自省，自觉接受新思想，读书，求学……她追求知识的脚步从未曾停止过，即使在动荡的岁月里，她也还是孜孜不倦地学习。知识，是女子们的生活利器，可以用来获得独立思考的勇气和能力，以及知识分子才有的那份骨气。一如杨绛先生这般，在经历人世坎坷后，可用知识分子特有的骨气为人生刻下隽永的痕迹。

她的文章，一如她这个人，淡泊、素雅、聪慧、婉转。她总是顺其自然，绝不刻意矫揉造作，却在自然的笔调里又蕴藏无穷的力量。曾读过杨绛先生《人生感言》中的一段话："上苍不会让所有幸福集中到某个人身上：得到爱情未必拥有金钱，拥有金钱未必得到快乐，得到快乐未必拥有健康，拥有健康未必一切都会如愿以偿。保持知足常乐的心态才是淬炼心智、净化心灵的最佳途径。"

寥寥字句里，道尽了杨绛先生参透世事的智慧。

这也是女儿钱瑗、丈夫钱锺书相继离世后她写下的句子。读罢让人落泪的同时，也让人看到她身上除了光芒闪烁，也深藏着这世间最难以承受的疼痛。不过，睿智如她，坚忍如她，顽强也如她。她洞悉世态，深知这“世间好物不坚牢，彩云易散琉璃脆”。于是，在悲伤里，她愈发坚强。既然已经发生，那么好的、坏的，都要去接受它，并驾驭它。她从来不会放弃生活，更不会荒废时光，因为她懂得，这世间最奢侈的幸福与金钱、名利无关。所以，无论曾经的岁月怎么艰难，人生怎样跌宕起伏，她都坚强坦然地走了过来。荣光也好，屈辱也罢，不过是过眼云烟。

就那样，她缓缓地走过岁月，走在人生边上，始终明媚从容。欢乐也好，悲伤也罢，都成了她“人生客栈”的过客。这之后，即便一个人踽踽独行，她也仍然怀念着曾经“我们仨”在一起的岁月。她也仍然坚守着最初的信念，一个人整理尘封的记忆，一个人简单规律地生活，于笔耕不辍中深居简出。所有的盛誉，没有在她心头激起一丝涟漪，她只守着心中的一方乐土、一室书香，不卑不亢地过着自己的生活。

人生纷繁复杂，拥有过便无憾这一生。

我们应因这世间有她这样一个人而庆幸。毕竟这世上可以活得宠辱不惊的人不多，女子更少。杨绛先生已离去，然而，她那高贵而有香气的灵魂始终长存人间，永远用内心的坚忍和优雅给人以温暖，给人以力量。

一、根据课文内容，回答下列问题。

1. 作者认为是什么支撑杨绛尝尽人生百味以后，依然可以淡泊从容地度过一生？
2. 杨绛何以被称为“最贤的妻，最才的女”？
3. 杨绛的“优雅”体现在哪些方面？

二、普通话发音朗读训练。

lán zhǐ	lán zi	bō lán	bō làng
兰芷	篮子	波澜	波浪

màn miào	měi miào	qīn shí	jīn chí
曼妙	美妙	侵蚀	矜持
cāo chí	chāo shí	cuì liàn	chuí liàn
操持	超时	淬炼	锤炼
liáo liáo	liǎo liǎo	shē chǐ	shè shī
寥寥	了了	奢侈	设施

gāng zhèng bù ē	dàn bó cóng róng	dà chè dà wù	tán zhǐ yì huī jiān
刚正不阿	淡泊从容	大彻大悟	弹指一挥间
bù ān shì shì	zī zī bú juàn	jiǎo róu zào zuò	diē dàng qǐ fú
不谙世事	孜孜不倦	矫揉造作	跌宕起伏
jǔ jǔ dú xíng	bǐ gēng bú chuò	fēn fán fù zá	chǒng rǔ bù jīng
踽踽独行	笔耕不辍	纷繁复杂	宠辱不惊

三、根据拼音写出词语，并选词填空。

diē dàng（　　）　xuān xiāo（　　）　cuì liàn（　　）　wèi jiè（　　）

juàn yǒng（　　）　lián yī（　　）　jià yù（　　）　ruì zhì（　　）

1. 父亲的__________、善良、豁达与坚韧，是我心中永远的灯塔，在我人生的道路上指引我前进。
2. 西园是绍兴八大园之一，整个园林布置巧妙，曲径通幽，远离__________，充满静逸之气，令人置身古境而不自知。
3. 北平的街道、北平的冬天、北平的古老习俗都在梁实秋的散文里反复出现，成为他晚年的精神__________，《北平年景》《北平的冬天》都是他用乡愁凝结而成的文字。
4. 这几部悬疑小说情节__________起伏，推理周密细致，让人手不释卷。

5. 这位画家的油画以风景为主，善于将个人的观察和思考融化到描摹的自然景色之中，笔触细腻，构图新颖，意境含蓄____________，因此他笔下的风景画相当具有人文内涵。

6. 人生中的坎儿可以让我们在磨炼中成长，在经历中学习。我们可以从教训中汲取养分，获得____________心灵的机会，这对我们以后的人生大有裨益。

7. 游戏教学法更适合性格活泼的教师，那些内向、不苟言笑的教师就很难____________这种教学法，因而也就达不到应有的教学效果。

8. 蛙们蹲伏在草丛中、树荫里，听得有动静，便一跃而起，咕咚一声潜入水里，只留下一圈圈散开的____________。

四、易混词辨析。

赞誉　　盛誉

1. 坐落于杭州孤山的西泠（líng）印社，百年来一直致力于创作、研究、收集金石篆刻及书画，云集了海内外金石篆刻家、书画家和学者三百余人，在海内外享有____________。

2. 吉祥戏院是北京著名的戏院之一，许多享有____________的京剧表演艺术家，如袁世海、梅葆玖、叶少兰、李维康、赵燕侠等，格外偏爱吉祥戏院的舞台。

3. 冯至是中国现代诗人，他将诗人的浪漫感性与哲人的睿智理性在诗中完美融合，因而被鲁迅____________为“中国最为杰出的抒情诗人”。

奢侈　　奢靡

4. 这家公司销售的产品种类繁多，从日常的文具到进口的高级____________品，应有尽有。

5. 上海京剧院创作的新编历史剧《贞观盛事》讲述的是，唐贞观年间谏臣魏徵以隋亡于____________为鉴，向唐太宗李世民力谏革除百官贪图享乐之风，李世民闻后毅然纳谏、端正士风的故事。

6. 在那个艰苦的年代，人们盼过年，除了盼合家团圆、欢天喜地，也盼着改善改善生活——吃顿肉，解解馋，穿新衣，换新鞋。这些对那个年代的人们来说，已经算很____________了。

明媚　　明亮

7. 啊，风雪退避后的南京，天是那么蓝，阳光是那样____________！

8. 这是小岗村____________的秋天，一个收获的季节。阳光把沉甸甸的稻谷涂上一层金黄，也把丰收的喜悦写在小岗村人的脸上。

9. 橙色是一种____________、活泼的色彩，容易让人联想到暖融融的阳光。因此，橙色服装也会使人显得格外亮丽。

五、给下列句子排序。

1. （　　）

① 强调"修心"比"饰面"更重要

② 蔡邕为了教育女儿，特意为她撰写了《女训》

③ 其内容以"梳妆"为喻，阐述了外表美与心灵美的关系

④ 蔡文姬是东汉时期名臣、文学家、史学家、书法家蔡邕的独生女儿

⑤ 正是父亲严格的家训，让蔡文姬不仅成为东汉时期伟大的文学家、音乐家，也成为有修养的女性的典范

A. ②①③④⑤　　B. ④②③①⑤

C. ④⑤②①③　　D. ②④⑤③①

2. （　　）

① 她是一位普通的户籍民警

② 她总是急群众之所急，想群众之所想，努力办好每件事

③ 因为业务水平高、能力强、有亲和力，大家都亲切地叫她"大姐"

④ 她在平凡的工作中铸就了不凡的灵魂，彰显了女性人民警察独有的魅力

⑤ 再繁重的任务，她总是有条不紊地完成；再棘手的问题，她总是想出各种办法解决

A. ②③①④⑤　　B. ②⑤③④①

C. ①④③②⑤　　D. ①③②⑤④

六、课外拓展。

阅读杨绛《走到人生边上》一书，选择其中你最感兴趣的一篇，将读后感受写在下面，并在小组内分享。

____

____

____

____

微听力

永远的“铁榔头”①

扫一扫，听录音

七、听第一遍录音，选择正确答案。

1. 里约奥运会上，中国女排夺冠的时候，郎平是什么反应？（　　）
   A. 喜极而泣　　B. 如释重负　　C. 坦然接受
2. 郎平为什么特别理解朱婷？（　　）
   A. 因为郎平更了解朱婷的为人
   B. 因为郎平也打过朱婷的角色
   C. 因为郎平和朱婷打球的时候年龄相仿
3. 郎平觉得教练像哪种工作？（　　）
   A. 现场的录像师　　B. 辛苦的陪练员　　C. 需要备课的教师
4. 关于女排队员们的训练，下列说法正确的是：（　　）
   A. 平时的训练不仅艰苦，而且枯燥
   B. 每天都练习一种新的扣球方法，每次练习两三个小时
   C. 每天上午八点半开始训练，吃完午饭再训练到一点或者一点半
5. 郎平怎么评价自己苦练球技的青春岁月？（　　）
   A. 委屈，受了很多苦
   B. 自豪，自己都挺过来了
   C. 幸运，有好的队友和好的机会

① 录音材料根据中央电视台《朗读者》节目改写。题目为本书编者所加。

八、听第二遍录音，判断正误。

1. 每天中午女排队员们都会按时吃午饭，之后继续训练。 （ ）
2. 运动员要坚持严格的训练，而教练相对轻松些。 （ ）
3. 教练没有奖牌，这让郎平感到非常失落。 （ ）
4. 中国女排曾在 1984 年的奥运会上夺得金牌。 （ ）

微朗诵

致 橡 树[1]

我如果爱你——
绝不像攀援[2]的凌霄花，
借你的高枝炫耀自己；
我如果爱你——
绝不学痴情的鸟儿，
为绿荫重复单调的歌曲；
也不止像泉源，
常年送来清凉的慰藉；
也不止像险峰，
增加你的高度，衬托你的威仪。
甚至日光。
甚至春雨。
不，这些都还不够！
我必须是你近旁的一株木棉，
作为树的形象和你站在一起。

① 本诗作者舒婷。舒婷，1952 年出生于福建省龙海市，祖籍福建省泉州市，中国当代女诗人、作家，朦胧诗派的代表人物之一。代表作有《致橡树》《双桅船》《祖国啊，我亲爱的祖国》《这也是一切》等，出版诗集《舒婷的诗》，散文集《心烟》《露珠里的“诗想”》《真水无香》《自在人生浅淡写》等。

② 攀援：同“攀缘”，本义指抓着东西往上爬，比喻投靠有钱有势的人往上爬。

根，紧握在地下，
叶，相触在云里。
每一阵风过，
我们都互相致意，
但没有人，
听懂我们的言语。
你有你的铜枝铁干，
像刀、像剑，
也像戟；
我有我红硕的花朵，
像沉重的叹息，
又像英勇的火炬。
我们分担寒潮、风雷、霹雳；
我们共享雾霭①、流岚②、虹霓③。
仿佛永远分离，
却又终身相依。
这才是伟大的爱情，
坚贞就在这里：
爱——
不仅爱你伟岸的身躯，
也爱你坚持的位置，足下的土地。

1977年3月27日

九、朗诵并完成以下练习。

1. 有感情地朗读并背诵这首诗，将音频分享到班级群中。
2. 诗人在《致橡树》中塑造了一个怎样的女性形象？请简要谈谈这首诗的思想内涵。

---

① 雾霭：雾气。
② 流岚：这里指云雾。
③ 虹霓：指彩虹。

微阅读

孟母三迁[①]

邹孟轲母，号孟母。其舍[②]近墓。孟子之少也，嬉[③]游为墓间之事，踊跃筑埋[④]。孟母曰："此非吾所以[⑤]居处子[⑥]也。"乃去，舍市旁。其嬉游为贾人[⑦]炫卖[⑧]之事。孟母又曰："此非吾所以居处子也。"复徙居[⑨]学宫之旁。其嬉游乃设俎豆[⑩]，揖让进退[⑪]。孟母曰："真可以居吾子矣。"遂居。及孟子长，学六艺[⑫]，卒[⑬]成大儒之名。君子谓孟母善以渐化。

十、请将古文改写为现代汉语。

1. 孟母曰："此非吾所以居处子也。"乃去，舍市旁。

____

2. 其嬉游为贾人炫卖之事。

____

3. 及孟子长，学六艺，卒成大儒之名。君子谓孟母善以渐化。

____

十一、请用现代汉语完整地讲述《孟母三迁》的故事。

---

① 本文选自《列女传》，作者刘向。刘向（约前77—前6），本名更生，字子政，沛郡丰邑（今属江苏省徐州市）人，西汉经学家、目录学家、文学家。今存作品有《新序》《说苑》《列女传》等。

② 舍：房屋，住宅。

③ 嬉：游戏，玩耍。

④ 踊跃筑埋：指丧礼上恸哭、埋葬等事。

⑤ 所以：用来。

⑥ 处子：安顿儿子。

⑦ 贾（gǔ）人：商贩。

⑧ 炫卖：沿街叫卖，夸耀。

⑨ 徙居：搬家。

⑩ 俎（zǔ）豆：古代祭祀用的两种盛器，这里指祭祀仪式。

⑪ 揖（yī）让进退：打躬作揖、进退朝堂等古代宾主相见的礼仪。揖，作揖。

⑫ 六艺：是"礼、乐、射、御、书、数"六种技能的统称。

⑬ 卒：最终，终于。

微交际

"巾帼不让须眉"主题报告会

请以"巾帼不让须眉"为主题，在班里组织一次小型主题报告会。全班分为若干小组（建议根据班级人数分组，每组5～6位同学），分别收集不同时代、不同领域杰出女性的事迹，如当代杰出女性叶嘉莹、黄文秀、张桂梅等的事迹。每个小组选择一位（或两位）杰出女性，将其成长过程、人生经历、人格魅力、社会贡献等内容制作成PPT，向全班同学展示。要求报告图文并茂，小组选定的人物不得重复。全班可就报告内容进行交流。

微写作

向了不起的"她"致敬

我们身边有很多平凡而又了不起的女性，她们可能是我们的妈妈、姐妹，可能是我们的老师、朋友，也可能是忙碌的护士、勤恳的服务员。她们就在我们的生活中，为家庭、为社会贡献着自己的智慧和力量。

请从身边寻找一位或多位你认为"了不起"的女性，结合她（们）的事例和你的所思所感，以《向了不起的"她"致敬》为题写一篇文章。要求对人物事迹进行整体和细节描述，突出重点，挖掘深层情感，激发共鸣。1000字左右。

第2课 诚信

“诚者，天之道也；思诚者，人之道也。”人无信不立，企业和企业家更是如此。社会主义市场经济是信用经济、法治经济。企业家要同方方面面打交道，调动人、财、物等各种资源，没有诚信寸步难行。

——2020年7月21日习近平在企业家座谈会上的讲话

诚信

“人无信不立，国无信不强。”诚信是中华优秀传统文化的重要内容，是社会主义核心价值观的重要组成部分，也是时代精神的体现。诚信为全面建设社会主义现代化国家提供了有力的保障，它是公民道德的基本规范，是市场经济的内在要求，是法治建设的坚定基石。作为“强国有我”的一分子，我们争当实践社会主义核心价值观的模范，要明礼诚信，把诚实守信内化于心、外化于行，守护自己的诚心和信用，永不褪色。

主课文

诚信精神的基本内涵[①]（节选）

课前提示问题：

1. 如何理解“人无信不立，国无信不强”？

2. 举例说明什么是诚信。

诚信，作为我国传统文化中自古以来就备受推崇的道德原则，很早就成为学者们理论探究的内容和对象。从中国古代文献中，我们可以看到学者们对“诚”“信”一体的解释，即认为“诚”与“信”原本就是浑然一体的，可以以“诚”释“信”，也可以以“信”释“诚”。如《说文解字》[②]所注：“诚，信也。从言，成声。”“信，诚也。从人，从言。”如果仔细分辨，“诚”主要体现在人格的内在层面，是指个人内心中的坦荡真诚。言而有诚，则信。努力兑现自己做出的承诺，就能取信于他人。而“信”则主要表现在人格的外在层面，即在行为中既以自己的真心实意取信于他人，同时又相信他人的真心实意，由此获得人与人之间的相互信任。因而，“信”以“诚”为本，“诚”以“信”为用，二者的统一，构成了诚信的人格内涵。

诚信之为天道

在中国传统文化中，诚信之所以具有很高的道德价值，首先在于它被古代哲人理解为天道与人格的统一，具有深刻的本体论意义。因为在古人看来，上天（即自然）是最有诚心，也最讲诚信的：昼夜相继，四季更迭，该冷时就冷，该热时就热，从不欺骗我们。人作为宇宙的一部分，也应该将诚信作为

① 本文作者阎孟伟。阎孟伟，1953 年出生，南开大学马克思主义学院教授，主要研究方向为马克思主义哲学基础理论、政治哲学和历史哲学。本文节选自《诚信中国》（江苏人民出版社，2019 年版）中的第一章，有删改。

②《说文解字》：简称《说文》，由东汉许慎编写，是中国最早的系统分析汉字字形和字源的辞书。许慎在这部著作中建构并系统阐述了汉字“六书”构形理论体系，创立了部首检字法，以 540 个部首统领 9353 个小篆字形。全书体系完整、内容丰富，奠定了汉语文字学的理论基础。许慎（约 58—约 147），字叔重，汝南召陵（在今河南省漯河市）人，东汉经学家、文字学家。

为人之道。关于这一点，儒家的代表人物孟子说得最为清楚："是故诚者，天之道也；思诚者，人之道也。至诚而不动者，未之有也；不诚，未有能动者也。"[①]意思就是说："诚"是天道，追求"诚"就是人道，一个人的诚心达到了最高境地还不能感动他人，这是没有的事，没有诚心是不能感动他人的。儒家经典《礼记·中庸》[②]更把"诚"视为"礼"的核心范畴和人生的最高境界："唯天下至诚，为能尽其性；能尽其性，则能尽人之性；能尽人之性，则能尽物之性；能尽物之性，则可以赞天地之化育；可以赞天地之化育，则可以与天地参矣。"即天下万物如果能达到最高的"诚"，就能充分发挥其本性；如果万物都能充分发挥其本性，作为万物之一的人就能充分发挥人的本性；如果能充分发挥人的本性，就能充分发挥物的本性，这样，人就可以有助于天地万物的养育，参与天地万物的造化过程，并与天地并列了。所以，对于人格来说，诚信具有符合天性或与天道合一的神圣性，使人尽其才、物尽其用。如春秋战国时期齐国著名思想家管子所说："诚信者，天下之结也。"[③]即讲诚信是天地万物相互关联的纽带，也是万物运作的普遍规则。在我国古代哲人的心目中，天道至上，人的所做不得与天道相违，因而以诚待物，以诚待人，乃是天道使然。

诚信之为人品

源于天道而成于人格的诚信也必然是人的最基本的道德操守。孔子在《论语·为政》[④]中说："人而无信，不知其可也。大车无輗，小车无軏[⑤]，其何以行之哉？"也就是说，如果一个人不讲诚信，不知道他怎么生活下去，就好像大

① 出自《孟子·离娄上》。《孟子》，儒家经典著作，由战国时期孟子及其弟子所著，《离娄》为其篇目之一，分上、下两篇。

②《礼记》：中国古代重要的典章制度选集，儒家经典著作，相传为西汉戴圣所编，《中庸》《大学》《儒行》都是《礼记》的篇目。

③ 出自《管子·枢言》。《管子》，先秦时期各学派的言论汇编，托名管仲所作，内容庞杂，包括道家、名家、法家等观点，大约成书于战国至秦汉时期，《枢言》为其篇目之一。

④《论语》：儒家经典著作，主要记录了孔子及其弟子的言行，由孔子弟子及再传弟子汇编而成，成书于战国前期。《为政》《颜渊》《学而》《子路》等都是《论语》的篇目。颜渊，名回，字子渊，为孔门七十二贤之首。子路，名仲由，为孔门七十二贤之一。

⑤"輗（ní）"和"軏（yuè）"均指古代木车的车辕与车前横木互相衔接的活销。

车无輗、小车无軏一样，怎么能够行走？儒家的另一经典《大学》则把“诚意”作为“格物，致知，诚意，正心，修身，齐家，治国，平天下”的八目①之一，使“诚”成为圣贤们体察万物、修身养性和治国平天下的重要环节，因而“君子养心，莫善于诚”②。因此，中国历代学者都将诚信视为人安身立命的最为珍贵的品格，即所谓“不宝金玉，而忠信以为宝”③“一言之美，贵于千金”。反之，不讲诚信，甚至违背诚信，任何人都不能成功地立身于世，甚至会招来祸患，亦即“不信不立，不诚不行”“人无忠信，不可立于世”“人背信则名不达”，等等。总之，对任何人来说，不讲诚信就不能安身立命，就不能泰然处世，更不能功成名就。

诚信之为人际

诚信不仅是个人的人格修养，而且也是使一个人获得他人信任的道德精神。西晋思想家杨泉就曾不无打趣地说：“以信接人，天下信之；不以信接人，妻子疑之。”意思是，如果你能以诚信待人，天下的人都会信任你；如果你不能以诚信待人，连你老婆孩子都不会相信你。北宋哲学家程颐则说：“以诚感人者，人亦诚而应。”意思就是说，你对他人诚心诚意，他人对你也会诚心诚意。所以，“精诚所至，金石为开”，再不好接近的人，只要你始终对他心怀最大的诚意，他终会向你敞开胸怀。恪守诚信的人不仅必然会得到他人的信任，而且会赢得他人对自己的帮助，即所谓“人之所助者，信也”④。

诚信之为政治

作为道德操守的诚信同时也是古代政治思想家们所崇尚的为政之道，规范着从政者的政治行为。孔子就认为，“信”对于政治统治来说是尤其重要的。

---

① 八目：即《大学》提出的“八条目”，是儒家提倡的个人进行修身养性和立身治世的八个步骤。

② 出自《荀子·不苟》。荀子，名况，字卿，战国时期著名思想家、哲学家、教育家，儒家学派的代表人物之一。《荀子》是荀子和弟子们整理或记录他人言行的哲学著作，也是儒家学派的重要著作。《不苟》为其篇目之一。

③ 出自《礼记·儒行》。

④ 出自《易传·系辞上》。《易传》是儒家学者对古代卜筮用书《周易》所做的各种解释。《系辞》为其篇目之一。

《论语·颜渊》中有这样的记述，说孔子的学生子贡问孔子怎样才能建立起良好的政治统治，孔子回答说，有三样东西就可以了，这三样东西就是足够的粮食、足够的军队和民众的信任。子贡又问，如果不得已必须去掉一个，那先去掉哪一个呢？孔子说，去掉军队吧。子贡接着问，如果还不得已，必须再去掉一个，那去掉哪一个呢？孔子毫不迟疑地回答说，去掉粮食，因为自古以来，人们都会死，但如果失去百姓的信任，那就不能确立良好的政治统治。所以，"民信"，即老百姓对统治者的信赖是最为重要的。国家越是强大，做事就越要讲诚信，即所谓"千乘之国，敬事而信"[①]。

在中国传统文化中，诚信的上述四个方面的内涵是相互融通的，体现出"天人合一"[②]的高贵精神。先秦晚期儒家学者荀子做出了一个十分精到的概括，他说："天地为大矣，不诚则不能化万物；圣人为知矣，不诚则不能化万民；父子为亲矣，不诚则疏；君上为尊矣，不诚则卑。夫诚者，君子之所守也，而政事之本也。"[③]意思是说，天地很大，但不诚就不能养育万物；圣人知识很丰富，但不诚就不能教化老百姓；父子很亲，但不诚就会彼此疏远；君王很尊贵，但不诚就变得卑微。所以"诚"是君子持守的品格，也是从政做事的根本。秦以后，"诚"与"信"逐渐被连用，合并为一个表述天道和德行的重要范畴。其中，"信"与"仁""义""礼""智"并称为"五常"，而"诚"则被置于社会及人生至高无上的地位。宋代周敦颐进一步认为"诚"为"五常之本，百行之源也"。程颐更为直截了当地说："吾未见不诚而能为善也。"由此可见，诚信作为最基本的道德操守在中国几千年的文明发展进程中被不断提倡和恪守。

一、根据课文内容，回答下列问题。

1."诚"和"信"有什么区别？

2. 为什么说诚信是天道与人格的统一？

3. 孔子在《论语·为政》中把人的信用比喻成什么？

① 出自《论语·学而》。

② 天人合一：中国哲学思想，儒、道、释等各有阐述。天人合一指人与自然相合相应，和谐共处。

③ 出自《荀子·不苟》。

4. 孔子认为对一个国家的政治统治来说，足够的粮食、足够的军队和民众的信任，哪一个最重要？为什么？

5. “五常”指的是什么？

二、普通话发音朗读训练。

tàn jiū	tàn jū	zhēn chéng	zhēng chéng
探究	炭疽	真诚	征程
chéng nuò	chén luò	nèi hán	nèi háng
承诺	沉落	内涵	内行
guān lián	guān niàn	cāo shǒu	chāo shǒu
关联	观念	操守	抄手
shèng xián	shén xiān	cóng zhèng	chóng zhèn
圣贤	神仙	从政	重振

hún rán yì tǐ	zhēn xīn shí yì	zhòu yè xiāng jì	sì jì gēng dié
浑然一体	真心实意	昼夜相继	四季更迭
xiū shēn yǎng xìng	ān shēn lì mìng	gōng chéng míng jiù	qiān shèng zhī guó
修身养性	安身立命	功成名就	千乘之国

三、根据拼音写出词语，并选词填空。

kè shǒu（　　）　bēi wēi（　　）　bèi shòu（　　）　rú jiā（　　）

gēng dié（　　）　chóng shàng（　　）　huò huàn（　　）

1. 任何伟大的事业总是在忘我的境界下诞生的。任何时候我们都不能自甘落后，________匍匐，不能做政治上鼠目寸光的庸人、工作中无所用心的懒汉、生活中妄自菲薄的弱者。

2. 中国坚持和平发展的决心不会动摇。中华民族历来是爱好和平的民族，自古________“以和为贵”“己所不欲，勿施于人”等思想。

3. 民族的文化自信离不开个人的主体自信。传统文化教育是实现主体自信的重要根基，其内涵不只包括孔子和____________的思想，还有老子、庄子、墨子等等的思想，以及数学、自然、生物等各个方面。

4. 无论是在生活中还是在工作中，她都严格要求自己，不允许有差错发生，所以参加工作两年以来，她____________上级赞赏。

5. ____________积于忽微。面对“小问题”，如果执法者总是睁一只眼闭一只眼，小问题就难免会成为大麻烦。

6. 火烈鸟性喜群居，但____________“一夫一妻”制。春夏之间，成年的火烈鸟开始成双成对地筑巢，饲养员便为它们准备了“婚房”——一座座酷似袖珍火山的土堆。

7. 早在几千年前，在时钟发明之前，人们是利用昼夜交替、月亮圆缺、四季____________等自然现象来计量时间的。

四、易混词辨析。

分辨　　分辩

1. 本次考核的结果可以让干部本人知晓，允许干部____________、解释和保留，使干部看到群众的评价，知道自己努力的方向。

2. 消费者在购买之后如果不去有意____________，假货被发现的可能性就会变小，仿冒者违法成本随之降低。

3. 知识在传播方式上越来越数字化，这要求教育工作者要特别重视对学生处理信息能力的培养，使学生学会对信息的接收、____________、判断和运用。

规则　　规范

4. 走中国特色社会主义文化发展道路，要大力建设社会主义核心价值体系，推动在全社会形成统一的指导思想、共同的理想信念、强大的精神力量和基本的道德____________。

5. 建立碳排放交易市场是利用市场机制控制和减少温室气体排放、推动经济发展方式绿色低碳转型的一项重要制度创新。通常情况下，政府确定一个碳排放总额，并根据一定____________将碳排放配额分配至企业。如果未来企业排放高于配额，需要到市场上购买配额。

6. 高质量地将每一篇文章呈现给读者，是每一位编审人员应该努力的目标。文字校对不过关、语句不通顺、标准化用语错误等不____________、不合理的现象不应该出现在终审稿中。

融通　　融合

7. “一带一路”之道就是去探寻中国梦与世界各国梦想的____________、中国智慧与世界智慧的结合。
8. 先进企业通过咨询服务、技术协作、资金____________、产销挂钩，从多方面帮助亏困企业增强造血功能，使之摆脱困境，焕发生机。
9. 内蒙古鄂尔多斯历史悠久，资源丰富，区位优势、产业条件得天独厚，为文化旅游____________发展提供了良好条件。

五、给下列句子排序。

1. （　　）

①前者治标，后者治本

②市场经济是法治经济，也是道德经济

③买卖双方之间的经济行为需要用法律制度来约束，更要靠诚信和契约精神来维持

④在治本上，健全完善社会信用体系，构建“守信激励、失信惩戒”机制，倒逼企业自律，形成“信用交易”“诚信买卖”的良性市场生态

⑤在治标上，依托《消费者权益保护法》，立起“高压线”，坚决对假冒伪劣、缺斤少两等行为零容忍，一个一个环节管、一个一个案子抓，让企业不敢犯、不能犯

A. ③①⑤④②　　B. ③②①⑤④

C. ②③①⑤④　　D. ②①⑤④③

2. （　　）

①诚信，正成为“网红”长沙的另一抹底色

②近日，中国网络诚信大会将在湖南长沙举办

③作为省会城市，长沙加强网络文明建设，发展积极健康的网络文化

④ 近年来，湖南传承诚信文化基因，加快建立网络诚信制度，积极培育网络诚信文化，网络诚信建设不断取得新的进展

⑤ 作为目前国内唯一一个以网络诚信建设为主题的年度盛会，大会首次落地长沙，既是对长沙的信任，也是对长沙的肯定

A. ①②③④⑤　　B. ②④③⑤①

C. ②③①⑤④　　D. ②⑤④③①

六、课外拓展。

你身边或者新闻报道中有没有让你敬佩的诚信楷模？请对其事迹进行整理和总结，将要点写在下面，并在课堂上与其他同学分享。

微听力

诚信制度建设势在必行[①]

扫一扫，听录音

七、听第一遍录音，选择正确答案。

1. 关于诚信制度建设的必要性，下列哪一项说法错误？（　　）

A. 制度建设能促进诚信的普遍化与大众化

B. 制度是诚信建设的保障，历史传承是基础

C. 诚信制度建设将为社会树立诚信的遵循依据

2. 诚信制度化需要从几方面着手，下列哪一项说话人没有提到？（　　）

A. 要兼顾诚信制度建设的通用性和特殊性

B. 要在建设中始终贯彻法治的思维与理念

C. 要在社会各界各方面广泛树立诚信意识

① 录音材料根据中国文明网文章《专访宋月红：得从制度这个根儿上解决问题》（2014年4月4日）改写。题目为本书编者所加。

3. 下列哪一项属于诚信制度建设要构建的三个体系？（　　）

A. 诚信管理与防范体系

B. 诚信宣传和教育体系

C. 诚信奖励与惩戒体系

4. 现阶段，诚信制度建设面临的困境主要来自哪两个方面？（　　）

A. 文化和观念　　B. 社会和制度　　C. 政府和市场

5. 诚信制度建设最需要做什么？（　　）

A. 大力推进和谐社会建设

B. 全面提倡社会正义风尚

C. 深入开展诚信国民教育

6. 这段采访主要谈了什么问题？（　　）

A. 如何解决诚信危机

B. 如何进行诚信制度建设

C. 如何将文化注入诚信建设

八、听第二遍录音，速记填空。

1. 制度建设的目的是要为社会提供讲诚信的__________，通过制度正义促进诚信的普遍化和大众化，并使诚信成为人们普遍__________和遵守的行为规范，使人们养成以诚信为基础的社会生活习惯与方式，让诚信者在社会中享有应有的__________、荣誉和地位。同时，__________失信，使失信者在社会中没有市场——不仅受到社会的道德__________，而且要为失信行为付出应有的代价。

2. 在诚信制度建设中，要__________社会整体利益与各方面利益的关系，形成政府__________、社会广泛参与的格局。这样的制度建设方向明确，社会基础深厚，形成的制度有利于社会自觉而__________地遵守，从而激发社会各方面的生机与活力。

3. 诚信制度建设，首要的工作是大力推进__________社会建设，在全社会形成诚信光荣、失信可耻的社会生活局面和__________氛围；同时，依法惩治社会丑恶现象、道德败坏和腐败行为，始终__________平等、团结、互助、和谐的社会发展主旋律，大力倡导和实现社会公平与正义，不断发扬光大诚信道德风尚。

微朗诵

礼记·大学（节选）

古之欲明明德于天下者，先治其国；欲治其国者，先齐其家[①]；欲齐其家者，先修其身；欲修其身者，先正其心；欲正其心者，先诚其意；欲诚其意者，先致其知[②]。致知在格物[③]。物格而后知至，知至而后意诚，意诚而后心正，心正而后身修，身修而后家齐，家齐而后国治，国治而后天下平。自天子以至于庶人[④]，壹是[⑤]皆以修身为本。

其本乱而末治者，否矣，其所厚者薄，而其所薄者厚，未之有也。此谓知本，此谓知之至也。

所谓诚其意者，毋自欺也。如恶恶臭[⑥]，如好好色[⑦]，此之谓自谦[⑧]。故君子必慎其独[⑨]也。小人闲居为不善，无所不至，见君子而后厌然[⑩]，掩其不善，而著其善。

人之视己，如见其肺肝然，则何益矣。此谓诚于中，形于外，故君子必慎其独也。

曾子曰："十目所视，十手所指，其严乎！"富润屋，德润身，心广体胖[⑪]，故君子必诚其意。

九、朗诵并完成以下练习。

1. 清楚流利地朗诵短文，注意正确停顿，将音频分享到班级群中。
2. 结合短文谈一谈"修身""齐家""治国""平天下"之间的关系。

---

① 齐其家：管理好自己的家庭或家族。
② 致其知：使自己获得知识。
③ 格物：认识、研究万事万物的道理。
④ 庶人：平民百姓。
⑤ 壹是：一律，一概。
⑥ 恶（wù）恶（è）臭（xiù）：厌恶腐臭的气味。臭，气味。
⑦ 好（hào）好（hǎo）色：喜爱美丽的女子。
⑧ 谦：通"慊（qiè）"，满足。
⑨ 慎其独：一个人独处时也谨慎、小心。
⑩ 厌然：掩藏、躲闪的样子。
⑪ 心广体胖（pán）：心胸宽广，身体安适舒泰。朱熹注："胖，安适也。"这里采用朱注。

微阅读

梦溪笔谈·人事（卷九）[1]（节选）

晏元献[2]公为童子时，张文节[3]荐之于朝廷，召至阙下[4]。适值御试进士，便令公就试。公一见试题，曰："臣十日前已作此赋，有赋草[5]尚在，乞别命题。"上极爱其不隐。及为馆职时，天下无事，许臣寮择胜燕饮。当时侍从文馆士大夫为燕集，以至市楼酒肆，往往皆供帐为游息之地。公是时贫甚，不能出，独家居，与昆弟[6]讲习。一日选东宫官，忽自中批除[7]晏殊。执政莫谕所因，次日进覆，上谕之曰："近闻馆阁臣寮，无不嬉游燕赏，弥日继夕。唯殊杜门[8]，与兄弟读书。如此谨厚，正可为东宫官。"公既受命，得对，上面谕除授之意。公语言质野，则曰："臣非不乐燕游者，直以贫，无可为之。臣若有钱，亦须往，但无钱不能出耳。"上益嘉其诚实，知事君体，眷注日深。仁宗朝，卒至大用。

十、请将古文改写为现代汉语。

1. 公一见试题，曰："臣十日前已作此赋，有赋草尚在，乞别命题。"上极爱其不隐。

____

____

2. 近闻馆阁臣寮，无不嬉游燕赏，弥日继夕。唯殊杜门，与兄弟读书。如此谨厚，正可为东宫官。

____

____

---

① 本文作者沈括。沈括（1031—1095），字存中，号梦溪丈人，杭州钱塘（今浙江省杭州市）人，北宋政治家、科学家。其代表作《梦溪笔谈》是一部涉及古代自然科学、工艺技术及社会历史现象的综合性笔记体著作，被誉为"中国科学史上的里程碑"。

② 晏元献：即晏殊（991—1055），字同叔，抚州临川（今属江西）人，北宋政治家、文学家，宋词婉约派著名词人。代表作有《浣溪沙·一曲新词酒一杯》《破阵子·燕子来时新社》等。

③ 张文节：即张知白（？—1028），字用晦，沧州（今属河北）人。北宋宰相，卒于位，谥文节。

④ 阙（què）下：京城。阙，皇宫门前两边的楼。

⑤ 赋草：所作赋的草稿。

⑥ 昆弟：兄弟。昆，哥哥。

⑦ 批除：这里是（皇帝）下手谕晋升（某人官职）的意思。批，公文的一种。除，拜官授职。

⑧ 杜门：闭门。

3. 上益嘉其诚实，知事君体，眷注日深。

十一、除了晏殊，中国古代还有很多讲诚信的历史人物。请讲述一个关于诚信的历史故事。

微交际

关于诚信的辩论会

讲究诚信体现了一个人的道德品质。说谎是不讲诚信吗？善意的谎言可以说吗？在班级组织一场辩论会，全班同学参与。在广泛征求意见的基础上，制定出本次辩论会的规则和流程，并严格执行。

辩题：善意的谎言能不能说？

正方：善意的谎言是善意的，可以说。

反方：善意的谎言也是谎言，不能说。

微写作

我的诚信观

诚信的表现各种各样。遵纪守法是诚信，拾金不昧是诚信，不轻易许诺是诚信，不随意散布不确定的消息也是诚信……在工作、学习、生活中，在大事小情中，我们时时刻刻接受着诚信的考验。

结合本课内容，以“我的诚信观”为主题写一篇文章，说明你所认为的诚信是什么。要求观点明确，结构合理，语言规范。题目自拟。1000 字左右。

第3课 友善

富强、民主、文明、和谐，自由、平等、公正、法治，爱国、敬业、诚信、友善，传承着中国优秀传统文化的基因，寄托着近代以来中国人民上下求索、历经千辛万苦确立的理想和信念，也承载着我们每个人的美好愿景。我们要在全社会牢固树立社会主义核心价值观，全体人民一起努力，通过持之以恒的奋斗，把我们的国家建设得更加富强、更加民主、更加文明、更加和谐、更加美丽，让中华民族以更加自信、更加自强的姿态屹立于世界民族之林。

——2014年5月4日习近平在北京大学师生座谈会上的讲话

友善

友善，是公民德行的阳光，它为人际关系注入正能量，为社会和谐提供润滑剂。现代社会与传统社会的显著区别，就是人与人的交往突破了血缘、地域的限制，构建起一个“陌生人社会”。在这样的社会里，“人人为我、我为人人”的亲善、互助、友爱变得尤为珍贵。

我们倡导的友善，是爱心的外化，是与人为善、与物为善。善待亲人以构建和谐家庭关系，善待他人以构建和谐人际关系，善待万物以形成和谐自然生态。“己所不欲，勿施于人”“四海之内皆兄弟”，广聚爱心，乐善好施，让世界充满爱，是友善的理想境界。①

① 节选自任仲平的《凝聚当代中国的价值公约数——论培育和践行社会主义核心价值观》（《人民日报》2015 年 4 月 20 日 02 版），有改动。

主课文

何谓友善[1]

课前提示问题：

1. 从词源学上来看，“友”和“善”各表示什么意思？

2. 文中提到中国传统文化中对友善的论述有哪几个方面？

从词源学上来看，“友”是个会意字。“友”在甲骨文中像两只手顺着一个方向靠在一起，象征着朋友之间的援手，表示以手相助，本义是帮助。《说文解字》中称“同志为友”，则揭示了“友”的本义是“朋友”“友好”。《汉语大字典》中，“友”解释为：本义为“同事，共事”；引申义为“同志，同人”。“善”，从言，从羊，也是一个会意字，由一个“羊”和两个“言”组成。“羊”象征着吉祥，“言”是讲话。《说文解字》中称：“善，吉也。”“善”的本义是吉祥，后引申为“好”“恰当”等意思。

友　　善　　仁

“友”“善”二字连用始于《汉书·蒯伍江息夫传》：“皇后父特进孔乡侯傅晏与躬同郡，相友善。”“友善”本义是相互交好的意思，是将“友”和“善”统一起来，形成一种用推己及人的方式处理人与人之间关系的道德规范。中国传统文化中蕴含着丰富的友善思想，其中以儒家的“仁”与墨家的“兼爱”为代表。

① 本文根据黄进、金燕的《友善三论》(《江苏社会科学》2015年第6期）及李健的《友善：社会和谐的润滑剂》(选自《社会主义核心价值观基本内容释义》，人民出版社，2014年版）改写。题目为本书编者所加。

在《论语》中，“仁”堪称孔子学问的核心。“仁”，从文字上解释是人两足走路，旁边加个“二”，就成了两个人，自然而然就引申出了两个人如何相处的问题，可见人际关系对于“仁”来说是极其重要的。“樊迟问仁。子曰：‘爱人。’”①“夫仁者，己欲立而立人，己欲达而达人。”②“己所不欲，勿施于人。”③这就是儒家对“仁”最基本的阐释。一个人显然是无法实现友善的。个体作为家庭、邻里、国家等共同体中的一员，通过自己所扮演的各种社会角色来与他人进行社会交往，才能谈得上“爱人”，才可能“推己及人”。

再看作为墨家思想核心的“兼爱”。墨子提出了“兼相爱，交相利”的理想。墨家所称颂的“兼爱”是“视人之国若视其国，视人之家若视其家，视人之身若视其身”。④墨子认为，天下之所以不太平，人们之所以不相爱，是因为人欲望过多且过度地膨胀。因此，墨子提出应重视人自身的修身养性，注重人自身的发展。“君子察迩而迩修者也。见不修行，见毁，而反之身者也，此以怨省而行修矣。”⑤

在现代社会中，友善更是一种必不可少的、能起统领作用的基础品德。现代公民社会与传统宗法社会的显著区别之一是，现代公民社会中的成员在与他人的交往上突破了宗法社会成员所受到的血缘限制，人们开始拥有较大的公共空间与他人互动。公民社会的基点，不在于与传统社会重合的那部分家庭伦理关系，而在于社会的公共空间。这种公共空间的存在和逐步扩大，提供了人本质的另外一种维度。而这个公共空间的氛围是否良好取决于友善的价值是否能够与工具理性共存。当良好的社会氛围形成之后，每一个公民都将能够获益。

由此可见，现代社会中友善的公民关系有助于推动和谐社会关系的构建，友善必然是公民的核心价值规范之一。只有这种公民之间的友善，公民之间的互相尊重、互相理解、互相宽容、互相关心、互相帮助，才能形成全体公民融洽相处的和谐社会局面。

---

① 出自《论语·颜渊》。

② 出自《论语·雍也》。

③ 出自《论语·卫灵公》。

④ 出自《墨子·兼爱》。《墨子》，墨家学派的著作总汇，是战国时期的哲学著作，由墨子自著和弟子及再传弟子记述的墨子言论两部分组成，涉及哲学、逻辑学、军事学、工程学、力学、几何学、光学等内容。《兼爱》《修身》都是《墨子》的篇目。

⑤ 出自《墨子·修身》。

综上，友善既是体现个体善意的一种高贵品质，同时也是推己及人处理人与人之间关系的一种道德规范。就像“爱人”是“仁”的基本含义一样，友善是个人之德的基础，也是核心价值观的基础。

一、根据课文内容，回答下列问题。

1.“友”的甲骨文释义的核心是什么？

2.“友善”是从什么时候开始连用的？最初的本义是什么？

3. 中国传统文化中蕴含着哪些友善的思想？请举例说明。

4. 在对友善思想的阐述上，儒家的“仁”和墨家的“兼爱”各有何侧重？

5. 公民社会和传统社会的基点有何不同？

二、普通话发音朗读训练。

huì yì	huí yì	yuán shǒu	yán shǒu
会意	回忆	援手	严守
jiē shì	jiān shì	yǐn shēn	yǎn shēng
揭示	监视	引申	衍生
yùn hán	yǐn hán	kān chēng	kàn chéng
蕴含	隐含	堪称	看成
xiāng chǔ	xiāng chú	chǎn shì	zhǎn shì
相处	相除	阐释	展示

tuī jǐ jí rén	jǐ suǒ bú yù, wù shī yú rén	jiān xiāng ài, jiāo xiāng lì	xiū shēn yǎng xìng
推己及人	己所不欲， 勿施于人	兼相爱， 交相利	修身养性

三、根据拼音写出词语，并选词填空。

fēn wéi（　　）　chǎn shì（　　）　chēng sòng（　　）

gòu jiàn（　　）　róng qià（　　）　lún lǐ（　　）

1. 古人经商往往强调“童叟无欺”，展现出一种杰出的商业道德________。这其实是一种维护企业长远利益的经营理念。
2. 理论与实践的统一是学术的本质。在具体的学术研究活动中，无论是理论________还是实践应用，无一例外都是创造性劳动的过程。
3. ________和谐社会，实现公平正义，始终是我们孜孜以求的社会理想。这就要求我们要妥善协调社会各方面的利益关系，最终保障人民群众的合法权益。
4. 铭文又称金文、钟鼎文，是铸刻在青铜器物上的文辞，或以________功德，或以申明鉴戒，多用韵语，后逐渐发展成为一种书体。
5. 据调查，许多成绩不俗的孩子，其成长环境都十分相似，即家庭气氛________且积极向上。这种环境对孩子非智力因素的开发能够起到十分积极的作用。
6. 傍晚时分，忙碌了一整天的村民们三三两两围坐在一起，聊着家长里短，说着农闲趣闻。整个小山村笼罩在一种祥和温馨的________之中。

四、易混词辨析。

蕴含　　包含

1. 这篇论文的内容________了我们研究项目中所需的研究方法和部分核心资料。
2. 立春后的江南，春雨纷纷扬扬地来了，好像春姑娘喜极而泣的眼泪，如丝如烟，如雾如梦，飘飘洒洒，那朦胧中________了多少诗情画意。
3. 春秋战国时期诸子百家的思想博大精深，源远流长，而其中________的政治思想更是对后世有着十分深远的影响。

显著　　明显

4. 和过去的建材机械标准相比，如今的新标准有了＿＿＿＿＿＿变化：新标准以产品整机性能为主要内容，把产品的综合性能作为判断产品质量优劣的一个重要因素。

5. 党的十八大以来，我国从规划引领、工程治理、责任考核等方面，通过实施一系列重大工程，采取各种切实措施，推动防沙治沙工作取得了＿＿＿＿＿＿成效。

6. 进入 4 月下旬以来，我国南方双季早稻区气温＿＿＿＿＿＿回升，日照增多，有利于禾苗生长。气象专家提醒，要抓住有利时机，促进早稻正常生长。

融洽　　融合

7. 悦耳的笑声回荡在田野里，和小鸟的歌声、牛羊的叫声、流水声＿＿＿＿在一起，组成了一首美妙的自然之曲。

8. 人们的幸福感并非一定随着收入的提高而增加。调查显示，“家人身心健康”“与父母关系和谐”“与邻里关系＿＿＿＿＿＿”“中等收入水平”的家庭要比其他家庭更幸福一些。

9. 高等教育只有更新教育观念，树立通才教育、智能教育、终身教育的观念，才能促进其与经济发展的＿＿＿＿＿＿，适应经济发展的需要。

五、给下列句子排序。

1.　　　　　　　　　　　　　　　　　　　　　　　　　　　　　　（　　）

① 所以友善往往比愤怒更有威力

② 生活中的待人处事就像照镜子一样

③ 只有你友善待人，别人才会友善待你

④ 前者会使你品尝幸福的滋味，而后者只会让你远离幸福的港湾

⑤ 友善就如一个快乐的人照镜子，而愤怒就像一个沮丧的人照镜子

A. ②⑤④③①　　B. ⑤④③②①

C. ②⑤④①③　　D. ②③⑤④①

2. ( )

① 友善会使对方的敌意渐渐消释

② 没有人会拒绝友善所带来的温暖

③ 因为它能真正使人体会到尊重和温暖

④ 世界上最强大的不是坚船利炮，而是一颗友善的心

⑤ 所以当你试图打开对方的心扉时，友善是最有效的钥匙

A. ④③②①⑤　　B. ①②③⑤④

C. ②③④①⑤　　D. ④②①⑤③

六、课外拓展。

课文中提到“中国传统文化中蕴含着丰富的友善思想”，请你利用网络和图书馆的资源，寻找更多传统文化中关于友善的故事或语录，写在下面，与同学们分享。

____

____

____

____

微听力

说 友 善①

扫一扫，听录音

七、听第一遍录音，选择正确答案。

1. 根据录音材料，友善： ( )

A. 是处理人际关系的基本价值准则

B. 是人类对以往道德理念的继承和发展

C. 在中西方传统文化中有着相似的内涵

2. 对友善三个层次的理解，从低到高的正确排序是： ( )

①享受与人合作，荣辱与共、生死与共

②不要互相伤害

① 录音材料根据中国共产党新闻网文章《对话价值观·友善篇》（2014 年 11 月 19 日）改写。题目为本书编者所加。

③成就自己和他人

A. ①②③　　B. ②③①　　C. ②①③

3. 友善的基础功能不包括下列哪一项？　　（　　）

A. 社会功能　　B. 人际功能　　C. 国家功能

4. 根据录音材料，友善在现代社会中有什么意义？　　（　　）

A. 更好地帮助他人

B. 更快地成就自己

C. 更顺利地开展合作

八、听第二遍录音，速记填空。

1. 从字面意义上来理解，友善就是＿＿＿＿＿＿，像对待朋友那样对待他人、社会和自然，体现在生活中的方方面面。比如：在工作和生活中＿＿＿＿＿＿，保持谦虚低调；面对道德高尚、品质优秀的人，虚心学习；面对他人的过失、缺点，＿＿＿＿＿＿给予体谅和包容，诚心诚意进行提醒和帮助；在他人有困难时，及时＿＿＿＿＿＿、＿＿＿＿＿；等等。

2. 友善还是一种良好的心理品质，从中华民族优秀传统美德中＿＿＿＿＿＿＿＿，是人性中友好和善良的心理品质的结合，它反映的是＿＿＿＿＿＿、＿＿＿＿＿＿的社会价值取向。

3. 友善是每一个现代人顺利进入＿＿＿＿＿＿，成功地与别人打交道、开展＿＿＿＿＿＿的一个基本道德前提或伦理条件，是现代公民不可或缺的道德品质。

微朗诵

经典语录诵读（十则）

1.君子居其室，出其言善，则千里之外应之，况[①]其迩[②]者乎？居其室，出其言不善，则千里之外违之，况其迩者乎？[③]

① 况：何况，况且。

② 迩：近，与“遐”相对。

③ 出自《易传·系辞上》。

[参考译文]

君子身处家中，如果说出的话和善，那么，千里之外也会有人响应，何况是在近处的人呢？身处家中，如果说出的话不和善，那么，千里之外也会有人违抗，何况是在近处的人呢？

2. 君子尊贤而容众，嘉善而矜[①]不能。[②]

[参考译文]

君子尊重贤人，又能接纳普通人，赞美能人，又能同情能力低的人。

3. 朋友切切偲偲[③]，兄弟怡怡[④]。[⑤]

[参考译文]

朋友之间互相切磋，兄弟之间和睦相处。

4. 爱人者，人必从而爱之；利人者，人必从而利之；恶人者，人必从而恶之；害人者，人必从而害之。[⑥]

[参考译文]

爱别人的人，人们也一定爱他；帮助别人的人，人们也一定帮助他；讨厌别人的人，人们也一定讨厌他；危害别人的人，人们也一定危害他。

5. 取诸人以为善，是与人为善者也。故君子莫大乎[⑦]与人为善。[⑧]

[参考译文]

吸取别人的优点来做善事，就是与别人一起做善事。所以君子最高的德行是与别人一起做善事。

6. 与人善言，煖[⑨]于布帛；伤人之言，深于矛戟[⑩]。[⑪]

[参考译文]

对别人说充满善意的话，比给他穿件衣服还要温暖；伤害人的话，（对人造成的

① 矜（jīn）：同情。
② 出自《论语・子张》。
③ 切切偲偲（sī）：互相敬重切磋的样子。
④ 怡怡：和睦、愉悦的样子。
⑤ 出自《论语・子路》。
⑥ 出自《墨子・兼爱》。
⑦ 莫大乎：没有比这更重要的。乎，于，表示比较。
⑧ 出自《孟子・公孙丑上》。
⑨ 煖：同“暖”，温暖。
⑩ 矛戟（jǐ）：两种武器。
⑪ 出自《荀子・荣辱》。

伤害）比用矛、戟等利器刺人造成的伤害还要深。

7. 仁者，谓其中心欣然爱人也。其喜人之有福，而恶人之有祸也。生心之所不能已也，非求其报也。①

［参考译文］

一个有仁爱之心的人，是在内心高兴地爱着别人的人。他喜欢看到别人有好事，不喜欢看到别人遭受祸患。这种情感是发自内心的，不能停止的，并不是为了求得别人的报答。

8. 与人以实，虽疏必密；与人以虚，虽戚必疏。夫实之与实，如胶如漆；虚之与虚，如薄冰之见昼日。②

［参考译文］

以真诚之心待人，即使原来关系疏远，也一定会变得亲密；以虚情假意待人，即使原来是亲戚，关系也会变得疏远。以真诚对待真诚，（相互之间的关系）就像胶漆一样（牢固密切）；以虚假对待虚假，（相互之间的关系）就像薄冰见到白天的太阳一样（很快融化）。

9. 不仁爱则不能群，不能群则不胜物，不胜物则养不足。③

［参考译文］

不怀有仁爱之心就不能和别人结成群体，不与人结成群体就不能制胜万物，不制胜万物就会导致生活给养不足。

10. 仁人之视人也如己，待疏也犹密。④

［参考译文］

仁爱的人对待别人就如同对待自己，对待关系疏远的人就如同对待关系亲密的人。

九、朗诵并完成以下练习。

1. 清楚流利地朗诵句子，注意正确停顿，将音频分享到班级群中。
2. 语录中提到的待人友善表现在哪几个方面？结合日常生活谈谈自己对此的感悟。

---

① 出自《韩非子·解老》。
② 出自《韩诗外传·卷九》。
③ 出自《汉书·刑法志》。
④ 出自《抱朴子·广譬》。

微阅读

桑下饿人[①]（节选）

赵宣孟[②]将上之绛[③]，见翳[④]桑下有卧饿人不能动，宣孟止车为之下，餐自含而哺之，饿人再咽而能视，宣孟问："尔何为饥若此？"对曰："臣宦[⑤]于绛，归而粮绝，羞行乞而憎自取[⑥]，以故至若此。"宣孟与之壶餐，脯[⑦]二朐[⑧]，再拜顿首受之，不敢食，问其故，对曰："向[⑨]者食之而美，臣有老母，将以贡[⑩]之。"宣孟曰："子斯食之，吾更与汝。"乃复为之箪[⑪]食，以脯二束与钱百。去之绛。居三年，晋灵公欲杀宣孟，置伏士[⑫]于房中，召宣孟而饮之酒，宣孟知之，中[⑬]饮而出，灵公令房中士疾[⑭]追杀之。一人追疾，先及[⑮]宣孟，见宣孟之面曰："吁，固是君邪！请为君反[⑯]死。"宣孟曰："子名为谁？"反走，且对曰："何以名为？臣是夫[⑰]桑下之饿人也。"还斗而死，宣孟得以活，此所谓德惠也。故惠君子，君子得其福；惠小人，小人尽其力。夫德一人活其身，而况置惠于万人乎？故曰："德无细，怨无小。"岂可无树德而除怨，务利于人哉！利出者福反，怨往者祸来，刑于内者应于外，不可不慎也，此书之所谓德无小者也。诗云："赳赳武夫，公侯干城。""济济多士，文王以宁。"人君胡可不务爱士乎！

---

① 节选自刘向《说苑·复恩》。
② 赵宣孟：即赵盾（？—前602），亦称"赵宣子""赵孟""宣孟"。春秋时晋国正卿。
③ 绛（jiàng）：地名，在今山西翼城东南，当时为晋都。
④ 翳（yì）：木自死叫翳。
⑤ 宦：当奴仆。
⑥ 取：指窃取。
⑦ 脯（fǔ）：干肉。这里活用为动词。
⑧ 朐（qú）：曲状的干肉。
⑨ 向：过去，以往。
⑩ 贡：献给。这里指留给。
⑪ 箪（dān）：圆形的竹器，古时用以盛饭。
⑫ 伏士：埋伏的士兵。
⑬ 中：中途。这里指喝到一半。
⑭ 疾：迅速。
⑮ 及：追赶上。
⑯ 反：通"返"，返回。
⑰ 夫：那个。

十、请将古文改写为现代汉语。

1. 宣孟止车为之下，餐自含而哺之，……

____

2. 羞行乞而憎自取，以故至若此。

____

3. 向者食之而美，臣有老母，将以贡之。

____

4. 利出者福反，怨往者祸来，刑于内者应于外，不可不慎也，此书之所谓德无小者也。

____

____

5. 诗云："赳赳武夫，公侯干城。""济济多士，文王以宁。"

____

十一、"故惠君子，君子得其福；惠小人，小人尽其力……故曰：'德无细，怨无小'"与现代人所说的"予人玫瑰，手有余香"意思一样吗？请结合自己学习和生活的经历，谈谈看法。

微交际

典籍里的友善

中央广播电视总台大型文化节目《典籍里的中国》成为现象级节目，创作者深挖传统精髓，钩沉典籍里的中国精神之源，为当代人指引征途，实现了优秀传统文化的创造性转化和创新性发展。在节目里，人们化身"时空飞人"，不仅自己可以"穿越"到古代，还可以将古人带到现代。

请将全班同学分为若干小组，每个小组仿照《典籍里的中国》，以"典籍里的友善"为主题策划一个文化节目。例如，了解《论语》里关于友善的思想之后，设置现代人"穿越"到春秋时期的情境，设计孔子如何向现代人阐述友善的思想，现代人又如何将现代社会的友善观念介绍给孔子。以小组为单位向全班展示。

微写作

什么是友善

“友善”一词在《现代汉语词典》中的解释为“朋友之间亲近和睦”。当你陷入尴尬的境地时，邻居一句友善的玩笑会为你解围；当你遭遇失败时，同事一番友善的鼓励会让你走出阴霾；当你取得成功时，朋友一句友善的提醒会让你戒骄戒躁，继续努力……

请你结合本课所学内容，以“什么是友善”为主题写一篇议论文。要求观点鲜明，论述清晰，充分且翔实地阐述你所理解的“友善”之要义。题目自拟。1000字左右。

第4课 汉字与书法

殷墟甲骨文的重大发现在中华文明乃至人类文明发展史上具有划时代的意义。甲骨文是迄今为止中国发现的年代最早的成熟文字系统，是汉字的源头和中华优秀传统文化的根脉，值得倍加珍视、更好传承发展。

——2019年11月2日习近平致甲骨文发现和研究120周年的贺信

汉字与书法

从中华先祖“近取诸身、远取诸物”创造汉字，到今天汉字和计算机、多媒体技术的完美结合，几千年来，汉字一直不间断地履行着记录汉语的职责。同时，汉字也是中华民族文明的载体和民族精神的符号，是中华文化的基因和密码。

作为方块汉字特有的传统艺术，书法历史悠久、风采迷人，被誉为无言的诗、无形的舞、无图的画、无声的乐。

读懂了汉字和书法，就读懂了中国的语言、文化，读懂了中国人的精神世界。

主课文

甲骨文[①]（节选）

课前提示问题：

1. 甲骨文是怎么被发现的？

2. 在商周时期，甲骨文有什么用途？

河南省安阳市的西北郊有一个村庄，叫小屯。这里世世代代居住着辛勤耕作的劳动人民。那是100多年前的事了。他们耕地的时候，忽然发现在犁耙翻起的土块间混有一些大小不等的坚硬骨片，捡起来一看，不少骨片上都有些像是刀刻的道道，有的还带点儿暗红色。“刨到龙骨了！”村里的人们都这么说。老人们还说这东西可以当药，磨成粉能治刀伤、打摆子[②]什么的。于是大伙儿都去捡拾这种骨片，卖给城里的药铺，而一斤只能卖几文钱。

有一天，村里来了个山东的商人，姓范。他问村民们可有什么地里挖出来的新奇东西，他要出好价钱收买。大家就把这种骨片拿给他看，他也好奇地买下了一些骨片。

姓范的原来是个古董商，专门到农村低价收购古董，再到北京、天津等大城市以高价卖给那些有钱有势的大官阔佬。这次见到了这些带刻道儿的骨片，他也不知道是什么玩意儿，不敢多要，买了一点儿，跑到北京，找到一个相识的大官，是他的山东老乡王懿荣[③]，请他给鉴定鉴定。这位王懿荣是个相当有学识的京官。他看到这些骨片，感到十分惊奇，仔细观察上头刻画的那些

① 本文作者董琨。董琨，生于1946年，中国社会科学院研究员，主要从事汉语言文字研究、辞典编纂及研究等。本文节选自《中国汉字源流》(商务印书馆国际有限公司，2017年版)，有改动。

② 打摆子：是我国南方对疟疾的一种形象描述。因为疟疾发作时，病人先是冷得发抖、打寒战，继而又出现高热，因此人们把疟疾俗称为“打摆子”。疟疾是一种由蚊子传播的、由疟原虫寄生于人体引起的急性传染病。

③ 王懿荣：1845—1900，字正孺，一字濂生，原籍云南，山东省福山县（今山东省烟台市福山区）人，中国近代金石学家、鉴藏家和书法家。为发现甲骨文和收藏甲骨文骨片第一人，被尊为“甲骨文之父”。

道道，认为是一种已经失传的古代文字，非常珍贵，不但出大价钱把它们全买了下来，还叮嘱这位姓范的商人赶快再去收购，他全要，而且要刻字多的骨片。

经过进一步研究，人们终于知道，这些骨片其实并不是什么“龙骨”，而是乌龟的甲壳和牛、鹿等的骨头，于是后来学者们把那上面刻画的文字命名为“甲骨文”。

甲骨残片

王懿荣接触到甲骨文的这一年，是清光绪二十五年，即公元 1899 年。

甲骨文的发现轰动了海内外的学术界。

这以后，人们在小屯村及其附近进行了多次科学发掘，得知这里原来是距今大约 3000 年前的商代后期的都城遗址。根据古籍记载，商王是经常迁换国都的，不过自从盘庚（汤的第九代孙）十四年迁都到安阳以后，一直到帝辛（即纣王），共八代十二王，再没迁徙过，所以安阳小屯一带一共做了大约 273 年的商王朝都城。安阳当时叫作“殷”，因此商代又被称为“殷商”。商被周王朝所灭，都城毁为废墟，后人称之为殷墟。

商王非常迷信，特别崇尚鬼神，无论大事小事，如年成、征伐、生育、出游乃至田猎等，都要进行占卜，并专门设立了一种官职（后世称为“贞人”）主管占卜。有时商王还亲自动手占卜。当时占卜的方法是：使用经过整治加工的乌龟腹甲或兽类（主要是牛）的肩胛骨，在反面挖或钻出圆形和椭圆形的槽；占卜时用火在这些槽内烧灼，使正面相应的部位出现裂纹，根据裂纹的数目和形状（叫作“兆”）推断卜问事项的吉凶和结果。在整个占卜活动结束之后，把上述情况用文字刻写在龟甲或兽骨的一定部位上，以便验证。这些文字称为卜辞，所以甲骨文又常被称为“殷墟卜辞”。

殷墟卜辞对于我们研究中国古代社会，尤其是殷商时期的社会状况，具有很高的价值，可以说是最可靠的第一手史料。例如，把卜辞中所记录的商朝祖先和商王的名称、世系与汉代司马迁所编著的我国第一部大型通史《史记》的有关记载相对照，大多是符合的，证明了《史记》的记载基本上是可信的。同时，又可利用卜辞的记载，对《史记》一类史籍记载不准确甚而错误的地方加以纠正。例如，《史记·殷本纪》记载商王的世系有一段为“报丁……报乙……报丙……”，而根据甲骨文的材料，应该订正为“报乙……报丙……报丁……”。这样就使我们对中国古代的历史有了更加全面而准确的了解。

甲骨文是迄今为止在中国发现的自成体系的最古老的文字。它和埃及的圣书文字①、中美洲的玛雅文字②、苏美尔的楔形文字③都是非常古老的文字，但是后面几种文字都早已消亡了，和这些国家或地区现在使用的文字没有渊源关系。只有甲骨文与现代仍在使用的汉字关系密切，可以说它是现代汉字的老祖宗。

一、根据课文内容，回答下列问题。

1. 王懿荣发现甲骨文以前，“龙骨”主要做什么用？
2. 王懿荣是如何发现甲骨文的？
3. 殷商时期人们如何使用甲骨进行占卜？
4. 殷墟卜辞对中国古代社会和历史研究、语言文字研究有什么价值？
5. 甲骨文和圣书文字、玛雅文字、楔形文字有什么异同？

二、普通话发音朗读训练。

jiān yìng	jiǎn yǐng	shī chuán	shì chuān
坚硬	剪影	失传	试穿

① 圣书文字：古代埃及曾流传使用的古文字，是古埃及文明的重要象征，后湮灭衰亡。

② 玛雅文字：美洲玛雅人在公元前后创造的象形文字，一般认为盛行于公元5世纪中叶，后湮灭失传。

③ 楔形文字：西亚两河流域苏美尔人创制并使用过的古文字，因一般使用削尖的芦苇秆或木棒在软泥板上刻写，文字线条笔直如同楔形而得名，后湮灭失传。

dīng zhǔ	dǐng zhù	zhān bǔ	zhàng bù
叮嘱	顶住	占卜	账簿
zhěng zhì	zhèng zhì	yàn zhèng	yán zhěng
整治	政治	验证	严整
shǐ jí	shǐ jì	dìng zhèng	dǐng zhēn
史籍	史记	订正	顶针

shì shì dài dài	xīn qín gēng zuò	yǒu qián yǒu shì	dà guān kuò lǎo
世世代代	辛勤耕作	有钱有势	大官阔佬
yīn xū bǔ cí	qì jīn wéi zhǐ	zì chéng tǐ xì	xiàn dài hàn zì
殷墟卜辞	迄今为止	自成体系	现代汉字

三、根据拼音写出词语，并选词填空。

xīn qí	jiàn dìng	jiē chù	hōng dòng
(　　)	(　　)	(　　)	(　　)
fā jué	qiān xǐ	biān zhù	xiāo wáng
(　　)	(　　)	(　　)	(　　)

1. 为纪念西汉南越王墓__________20周年和西汉南越王博物馆建馆15周年，位于广州的西汉南越王博物馆举办了以“秦皇·汉武·南越王”为主题的大型秦汉文物精华展。
2. 学校与警校合作，申报了中小学生社会实践优秀项目。在这一项目中，学生可以近距离__________和体验交警、民警、特警等不同警种的警察职业，同时也可以学习必备的安全防范和逃生技能。
3. 《说文解字》，简称《说文》，是中国最早的系统分析汉字字形和考究字源的工具书，由东汉经学家、文字学家许慎__________。
4. 这部文学作品基调温暖，构思__________、不落俗套，字里行间充满了喜庆的氛围，既充分表达了主题、情感，又具有含蓄而深刻之美，富有时代精神，令同行为之折服。

5. 很多人还记得千年不腐的“辛追夫人”引起的__________——那是世界上最早的以人工墓葬保存下来的软体古尸，墓内还有工艺高超的丝织品。
6. 1983 年 8 月，王永民的五笔字型计算机汉字输入法研制成功，并通过了 40 多名专家的__________。这种输入法解决了中文进入计算机时代的世界性难题。在中科院路甬祥院士主编的《科学改变人类生活的 100 个瞬间》一书中，王永民被誉为“把中国带入信息时代的人”。
7. 众所周知，语言随着社会的发展而发展。在社会生活中，特别是在社会大变动时期，新的事物产生，旧的事物__________，人们的观念改变，这些都会在语言的词汇中得到反映。
8. 公园管理局野生动植物保护科副科长谢发兵说，玛纳斯国家湿地公园是全球候鸟__________的重要驿站。每年冬天，成千上万的候鸟在这里栖息、中转。

四、易混词辨析。

收买　　收购

1. 随着起义规模的不断扩大，晚明王朝主抚派搞政治欺骗，妄图__________、分化、瓦解起义队伍，但是起义农民一次又一次地粉碎了明王朝的“招安”阴谋。
2. 市粮食购销集团的成立不仅解决了本市农民的卖粮难问题，而且每年还从邻县__________1 万多吨的粮食。
3. 不管怎么说，你我有一种比他们强得多的地方，那就是我们可不那么容易被人__________，而这样的人现在比什么时候都更被需要。

崇尚　　崇拜

4. 这部现代军事题材的电视剧饱受诟病，比如男主角兵味不足，缺少坚毅阳刚的气质，还有众多__________“战神”的美女围绕左右。可现实中，因为军人职业的特殊性，爱情经历哪会如此丰富多彩？
5. 回看历史，中医药为人类文明和健康都做出了积极的贡献。近年来人们更加__________回归自然，天然药物和自然疗法正在全球掀起新的热潮。

6. 残奥会运动员____________“更快、更高、更强——更团结”的奥林匹克格言，力图用人格的完美去战胜身体的残疾，实现自己的价值，显示强者的风采，值得我们学习。

记录　　记载

7. 人类历史发展进程中的每一个阶段，无论是辉煌的还是黯淡的，都值得我们的历史学家去____________，值得我们的文学家去描绘。
8. 江西省交警总队 9 月 28 日召开新闻通报会，根据公安部交管局通知，决定 10 月 1 日起在全省范围内开展交通违法____________省际传递共享工作。
9. 广东刺绣精密细微，针法多变，色彩浓艳，堪称中国民间艺术的一颗明珠。据____________，唐代广绣的工艺水平已非同一般，因此受到皇室的特别青睐。

五、给下列句子排序。

1. （　　）

① 这处遗址的总面积约有 1 万多平方米，已经发掘 1000 多平方米

② 这处遗址坐落在一片没有村庄的丘陵地带，周围环山，地势开阔

③ 由省、市、县三级文物考古工作者组成的辽西考古发掘队的初步勘探表明

④ 陈队长肯定地说，这处遗址与红山文化牛河梁原始文明有着深厚的渊源关系

⑤ 出土了大量具有红山文化特征的三字纹陶器罐，其中回纹尊、松枝纹和象形鱼纹陶罐造型别致，线条流畅

A. ②①③⑤④　　B. ②③①⑤④

C. ②①④③⑤　　D. ②③⑤①④

2. （　　）

①“中国通史陈列”展厅面积约 7800 平方米，陈列展品 5450 件，多为稀世珍品，国之瑰宝

② 中国国家博物馆位于北京天安门广场东侧，展厅面积9000多平方米，文物藏品30多万件

③ 其中“古代科技文物”板块包括天文、造纸术、印刷术、指南针、火药、农业等10个专题内容

④ 文物、科技模型、照片等展品展示了中国古代科技发展的脉络及其对世界科学技术发展的重大影响

⑤ 体现了从旧石器时代到1911年最后一个封建王朝终结，中华民族所经历的漫长而广阔的历史时空，以及丰富多彩的社会文化生活

A. ②④⑤①③　　B. ②③④①⑤

C. ②①③④⑤　　D. ②①⑤③④

六、课外拓展。

查阅文献资料，梳理汉字字体发展演变的过程，并整理各种字体的特点，把要点记录在下面，并在小组内分享。

____

____

____

____

微听力

书法是最优美、最便利的娱乐工具①

扫一扫，听录音

七、听第一遍录音，判断正误。

1. 凡人必定要有娱乐。如果全是义务工作，生活一定会枯燥乏味。（　　）

① 录音材料作者梁启超。梁启超（1873—1929），字卓如，一字任甫，号任公、饮冰室主人，广东新会人，中国近代思想家、政治家、教育家、文学家，戊戌变法（百日维新）领袖之一，中国近代维新派代表人物。著作合编为《饮冰室合集》。本材料选自梁启超《书法指导》（浙江人民美术出版社，2016年版），为梁启超1926年在清华大学教职员书法研究会上的演讲，有改动。

2. 娱乐的形式可以有很多，作者认为最优美、最便利的就是写字。(　　)

3. 一人不饮酒，二人不打牌。吟诗、绘画，要聚合很多人才有意思。(　　)

4. 像奏音乐一样，写字不太费钱，也不需要设备，有纸、墨、笔就行了。(　　)

5. “吟成五个字，捻断数根须”意思是，作诗非呕心沥血，不易作好。(　　)

6. 写字至少有七项好处，因此作者认为，写字当属第一项的娱乐。(　　)

八、听第二遍录音，速记填空。

1. 打球必定要球场，听戏必定要戏园，而且要天气好，又要有一定的时候。其他各种娱乐________，多少总有点儿限制。唯有写字，________，________。早上可以，晚上亦可以；________可以，________亦可以。只需桌子、笔、墨，________可以娱乐，非常自由。

2. 作诗固然快乐，但是________。如古人所谓“吟成五个字，________数根须”，非________，不易作好。下棋亦然。古人常说“长日惟消一局棋”，你想那是何等地________。唯有写字，在用心不用心之间，脑筋并不________。

3. 以写字作为娱乐的工具，有这么许多好处，所以中国先辈，凡________，大半都喜欢写字。如曾文正、李文忠，差不多每天都写，虽________，亦不________。

微朗诵

说文解字·叙[①]（节选）

古者庖牺氏[②]之王天下也，仰则观象于天，俯则观法于地，视鸟兽之文与地

① 本文作者许慎。《说文解字·叙》集中体现了许慎的文字学思想。

② 庖（páo）牺氏：也写作伏羲、伏戏、宓羲、包牺，传说中的中华人文始祖。

之宜，近取诸身，远取诸物，于是始作《易》、八卦，以垂宪象。及神农氏[1]结绳为治而统其事，庶业其繁，饰伪萌生。黄帝之史官仓颉[2]，见鸟兽蹄迒[3]之迹，知分理之可相别异也，初造书契，百工以乂[4]，万品以察。盖取诸夬[5]。“夬，扬于王庭。”言文者宣教明化于王者朝廷，君子所以施禄及下，居德则忌也。

仓颉之初作书，盖依类象形[6]，故谓之文；其后形声相益[7]，即谓之字。文者，物象之本；字者，言孳乳而浸多也。著于竹帛谓之书。书者，如也。以迄五帝三王之世，改易殊体。封于泰山[8]者七十有二代，靡有同焉。

［参考译文］

远古的时候，伏羲氏治理天下，仰观天象，俯察地理，观察鸟兽的行迹和大地的脉理，近的取法自身，远的取于他物，在这个基础上才创作了《易经》和八卦，来显示事物变化的基本法则和模式。到了神农氏的时代，（人们）使用结绳记事的办法治理社会、管理当时的事务，社会行业及事务日益繁多，掩饰作伪的事也发生了。黄帝的史官仓颉看到鸟兽的足迹，悟知纹理有别而鸟兽可辨，开始创造文字，百业有定，万类俱明。（仓颉造字的本意）大概取意于《易经·夬卦》。《夬卦》说：“（臣子应当辅佐君王，）使王政畅行。”这就是说，（仓颉）创造文字是为了宣扬教令、倡导风化，有助于君王的施政，君王使用文字向臣民施予恩泽，而臣民应以立德为本而有所戒惧。

仓颉初造文字，大概是按照物类画出形体，所以叫作“文”；其后又造出会意字、形声字，（以扩充文字的数量，）这些符号就叫作“字”。“文”这些符号，是表达事物形象的基本构件；“字”这些符号，是说它们不断滋生，文字的数量越来越多。（把文字）写在竹简、丝帛上，叫作“书”。“书”意味着字形就如同事物的形状。（文字）经历了“五帝”“三王”的漫长岁月，有的改动了笔画，有的产生了异体。在泰山封禅祭天的七十二代君主留下的石刻中，（字体）都各不相同啊。

---

① 神农氏：炎帝号神农氏，传说他发明了农具，发现了中草药的医疗作用。

② 仓颉（jié）：传说是黄帝的史官。古籍记载：“仓颉造字，而天雨粟，鬼夜哭。”

③ 迒（háng）：野兽的脚印或车轮的痕迹。

④ 乂（yì）：治理，安定。

⑤ 夬（guài）：指《易经·夬卦》。

⑥ 依类象形：按照事物的种类描摹外形。这里指独体的“文”。

⑦ 形声相益：形符、声符互相补益。这里指合体的“字”。

⑧ 封于泰山：指古代帝王在泰山祭祀天地。

九、朗诵并完成以下练习。

1. 清楚流利地朗诵短文，注意正确停顿，将音频分享到班级群中。
2. 关于汉字的起源，《说文解字·叙》的主要观点是什么？你赞成吗？
3. 查阅其他文献材料，讲一讲“仓颉造字”的故事。

微阅读

书法是中国人的精神气象[①]

汉字承载着文明的曙光，从远古走来。它穿越了一个又一个朝代，穿越了漫漫长夜，走到了我们面前。汉字几千年了，它依然年轻，在当今世界，独树一帜。汉字，是华夏文明的原始基因，也可以说，是中国文化的根。

（一）

汉字起源于物象，“近取诸身，远取诸物”，象形、会意、形声而成字，日月山水，花鸟鱼虫，莫不如此。汉字发展的独特路径体现了中国人的思维特征，深刻地影响了中国文化与中国历史的面貌。

书写是汉字的艺术实践过程，是人的审美意识对象化到汉字之中，使汉字结构不断完善的过程。谐调性、整体性、稳定性是汉字的美学原则。谐调性是核心，只有谐调才能实现整体性与稳定性。人们天天面对汉字，为什么百看不厌？就因为汉字造型美观，结构和谐，赏心悦目，散发着美的气息。所谓书法，就是书写汉字的法规与法度。书法成为艺术，恰恰是在汉字的“书写”过程中逐渐形成的。

（二）

书法作为一门艺术，不仅传达着个人的才情气质，也承载着时代的精神气象。

被后人广泛而长期推崇的书法家，莫过于王羲之。王羲之的行书形质坚毅，神采俊朗，洒脱飘逸，行云流水，骨气与逸气并生，法度与风度共存。

这是王羲之个人的学养气质与书法造诣所致，当然，更与那个时代相关。因

① 本文作者张德祥。文章原载于《人民日报》(2014年7月31日)，选作课文时有改动。

为那是一个精神解放、人格独立、文化自觉的时代。魏晋时期政治动荡、豪强专制，士人不再倾心仕途，反而有意疏离权力，寄情山水，追求不拘礼节的闲适与放达，士人狷介，清高去俗，“竹林七贤”是也！

如今，摹本《兰亭序》、集字《圣教序》等为我们留住了王羲之行书的神韵：率意而为，爽朗通脱，点画之间流溢着那个时代的精神风度。

（三）

时间来到了唐代，唐太宗李世民痴迷于王羲之的书法。但是，技法易学，风骨难追，况且，时代变了，产生王书的精神气候不再，那种“与道逍遥”的隐逸高蹈已随风而去。

唐代有唐代的使命。唐代的社会气象与精神气度推动着唐人绕过王羲之而另辟蹊径，开创书法的新天地与新境界。唐人在书法上的贡献以楷书和草书为代表。楷书和草书，唐人不让古人，直达巅峰。看颜真卿[①]的楷书，巍巍乎，磅礴伟岸，高山仰止，一个个字，犹如一尊尊佛，雍容宽博，丰腴饱满，胸襟气度，自信从容。

苏轼在《东坡题跋》中说：“故诗至于杜子美[②]，文至于韩退之[③]，书至于颜鲁公，画至于吴道子[④]，而古今之变天下之能事毕矣。”从苏轼的浩叹中可见唐代所达到的文化高度。实际上，这高度正是唐代的文化气量和精神气度所致。

（四）

宋代承续了唐代文化，但难以逾越唐人。尽管米芾[⑤]喜穿唐服，性格粗放，人称“米颠”，但毕竟是唐风余韵。苏轼、黄庭坚等人把书法的法度先放置一边，不刻意讲究点画的平直均衡，以自己深厚的学养与才气入书，强调笔势的提按顿挫之意，形成夸张变形的欹侧姿态，这就是人们所说的宋人“尚意”。

---

① 颜真卿：709—784，字清臣，京兆万年（今陕西省西安市）人，唐朝名臣、书法家，后封鲁郡公，人称“颜鲁公”。

② 杜子美：指杜甫。杜甫（712—770），字子美，自号少陵野老，祖籍襄阳（今属湖北），唐代著名现实主义诗人，被尊为“诗圣”。

③ 韩退之：指韩愈。韩愈（768—824），字退之，河南河阳（今河南省孟州市南）人，唐代著名文学家、思想家、哲学家，被列为唐宋八大家之首。

④ 吴道子：约686—约760，又名道玄，阳翟（今河南省禹州市）人，唐代著名画家，画史尊称其为“画圣”。

⑤ 米芾（fú）：1152—1108，字元章，世居太原（今属山西省），迁襄阳（今属湖北省），后定居润州（今江苏省镇江市），北宋书法家、画家、书画理论家，与蔡襄、苏轼、黄庭坚合称“宋四家”。

书法好像就是写字，但绝不仅仅是写字。扬雄[①]说："言，心声也；书，心画也。"书法是心迹，也是时代精神气象的载体。如果说书法是汉字的舞姿，那么，这舞姿摇曳的是书法家的心性，也是时代的精神气象。如今，中华民族正走在复兴的历史征程中，在新的时代精神的灌注下，期待书法艺术缔造新的辉煌。

十、根据文章内容，判断正误。

1. 谐调性、整体性、稳定性是汉字的美学原则，其中稳定性是核心。（　　）
2. 书法作为一门艺术，不仅传达着个人的才情气质，也承载着时代的精神气象。（　　）
3.《兰亭序》的书法形质坚毅，爽朗通脱，不刻意讲究点画的平直均衡。（　　）
4. 唐人在书法上的贡献以楷书和行书为代表，艺术水平直达巅峰。（　　）
5. 宋人"尚意"，书法雍容宽博，丰腴饱满。（　　）
6."言，心声也；书，心画也"意思是说，书法是心迹，也是时代精神气象的载体。（　　）

十一、根据文章内容，回答下列问题。

1. 汉字的美学原则主要包括哪些内容？
2. 王羲之、颜真卿、苏轼的书法体现了什么精神气象？原因是什么？
3. 你喜欢哪位书法家的作品？说说喜欢的理由。

微交际

关于手写汉字的辩论

古人说"文如其人"。书法界普遍认为一个人书写的汉字一定程度上可以反映出书写者的精神气质，于是就有了"汉字是一个人的第二张名片"的说法。随着计算机科学与智能技术的发展，手写汉字的机会和场合越来越少。请以"新媒体时代手写汉字是否还重要"为题组织一场辩论会。

① 扬雄：前53—后18，字子云，蜀郡成都（今属四川省）人，西汉文学家、哲学家、语言学家。

辩题：新媒体时代，练字、写字还重要吗?

正方：重要。新媒体时代人们仍然需要提高汉字手写水平。

反方：不重要。新媒体时代人们可以用电脑、手机输入汉字。

微写作

汉字在中华文化传承传播中的作用

汉字是记录汉语的表意文字系统，是中华民族文明的载体和民族精神的符号。近年来，人们越来越关注汉字的文化价值。《中国汉字听写大会》《汉字英雄》《汉字解密》等电视节目受到广大观众的欢迎。

请以“汉字在中华文化传承传播中的作用”为主题，自选角度，写一篇议论文。要求观点明确，论述充分。题目自拟。1000字左右。

第5课 非物质文化遗产

中国人民在实现中国梦的进程中，将按照时代的新进步，推动中华文明创造性转化和创新性发展，激活其生命力，把跨越时空、超越国度、富有永恒魅力、具有当代价值的文化精神弘扬起来，让收藏在博物馆里的文物、陈列在广阔大地上的遗产、书写在古籍里的文字都活起来，让中华文明同世界各国人民创造的丰富多彩的文明一道，为人类提供正确的精神指引和强大的精神动力。

——2014年3月27日习近平在联合国教科文组织总部的演讲

非物质文化遗产

中国是历史悠久的文明古国。在漫长的岁月中，中华民族创造了丰富多彩、弥足珍贵的文化遗产。没有一份事业，比守卫遗产与先辈的关系更紧密：我们身为遗产继承人，时时丈量和掂量自己与历史、与先辈的距离——如此庄重，如此幸福。也没有一份事业，比遗产的未来更充满危机：我们穿行在历史与现实的交汇处，获取代代相传的生命活力——如此艰辛，如此骄傲。

岁月悠悠，世事变迁，传承文化，凝聚精神，是智慧，是价值，更是民族魂。

主课文

中华农耕智慧惊艳世界[①]

课前提示问题：

1. 你知道中国有哪些文化已经列入非物质文化遗产名录吗？试着列举一下。

2. 请查阅资料说一说二十四节气每个节气的意义。背诵《二十四节气歌》。

2016年11月，二十四节气正式被列入联合国非物质文化遗产名录[②]，世界遗产再添"中国符号"。二十四节气被称为农耕时代的"时间智慧"，它将天文、物候、农事和民俗完美结合，千百年来一直被我国人民所沿用。这一镌刻着农耕文明印记、跳动着传统文化之脉的精神符码，在追求生产、生活、生态"三生"共赢、建设美丽中国的今天，依然照耀着我们的生活，启迪着我们的智慧。二十四节气申遗成功，对激发"三农"人的自豪感，增强我国农业自信和创新力，创造现代新农耕文明具有深远意义。

二十四节气是中华农耕文明对人类的伟大贡献。我国先民在长期农耕实践中发现，农作物耕种需要根据太阳运行情况进行。二十四节气就是古人根据太阳在一年中对地球产生的影响而概括总结出的一套气象历法，用来指导农事活动。通过观星台，古人在正午测日影，夏天日影最短，冬天日影最长，将最长（冬至）与最短（夏至）之间，分为二十四等份，这就产生了二十四节气。它自秦汉时期至今已经沿用了两千多年。

根据二十四节气的规律，我国劳动人民创造了丰富的农事谚语。如"立春天渐暖，雨水送肥忙""到了惊蛰节，锄头不停歇""小满前后，种瓜点豆"等。农民借助节气，春耕，夏耘，秋收，冬藏，将一年定格到耕种、施肥、灌

---

① 本文作者程天赐。文章原载于中国农业新闻网（2016年12月5日），选作课文时有改动。

② 2016年11月30日，联合国教科文组织保护非物质文化遗产政府间委员会第十一届常会通过决议，将中国申报的"二十四节气"列入联合国教科文组织人类非物质文化遗产代表作名录。

溉、收割等农作物生长、收藏的循环体系之中，将时间和生产、生活定格到人与天道相应乃至合一的状态。二十四节气是中国人尊重自然、顺应自然的鲜明体现。得益于这种智慧的指引，中华民族创造了举世公认的传统农业的辉煌。

二十四节气还深刻地影响着人们的思维方式和行为准则。它承载着中国哲学特有的韵味，让中国人的生活世界成为气韵流动的世界；它让绵延的生活有了“标点句读”，营造了中国式的充满节日诗意的氛围。

节气的美是太阳赐予的。一个一个的节气仿佛是“太阳的脚步”，我们每个人都能够从寒来暑往、物候变化中感知。于是，在百姓心目中，惊蛰是“一声春雷惊醒了泥土中沉睡的小虫，竹笋顶开了泥土”；小满是“麦田的疯长，每一株麦子都饱满起来，在阳光下都是向上的力量”。很多地方的百姓会按照“小雪腌菜，大雪腌肉”来准备自己的生活物资；“清明吃青团，立秋吃西瓜”“冬至饺子夏至面”的风俗依旧流行；现代养生也看重节气，如“春夏养阳，秋冬养阴”“冬病夏治”等。

许多节令伴有丰富多彩的民俗活动，如春分立蛋，清明踏青扫墓，谷雨采茶，小暑尝新米，大暑吃凤梨，白露不露身。有的地方仍把节气当作节日一般度过，如“非遗”项目三门祭冬①、壮族霜降节②、苗族赶秋节③等。在这样的民俗事项当中，我们继承、传播和弘扬了传统文化，增强了对民族文化的认同感。

二十四节气及相关活动凝聚族群，协和天人，富有情趣，有助于化解生活在钢筋水泥森林中的城市人的生活焦虑、心灵孤独，因而对发展休闲农业、

① 三门祭冬：三门祭冬在每年冬至日举行，由祭天、拜祖、祝寿、老人宴等仪式及与之伴生的民俗文化、饮食文化组成。三门祭冬主要流行于浙江省台州市三门县一带，以三门县亭旁镇杨家村祭冬规模最大、程式最完整、传承最完好。2014 年 11 月，三门祭冬被列入第四批国家级非物质文化遗产代表性项目名录。

② 壮族霜降节：壮族霜降节在每年农历九月，晚稻收割结束之后的霜降节气前后，劳作了一年的壮族乡民们，用新糯米做成“糍那”“迎霜粽”，招待亲朋好友。人们也趁农闲的机会交朋友、串亲戚、对歌看戏，同时在节庆期间售卖农产品、购买生产生活用具，为第二年的春耕做准备。该节主要流行于云南、广西等地。2014 年 11 月，壮族霜降节被列入第四批国家级非物质文化遗产代表性项目名录。

③ 苗族赶秋节：苗族赶秋节一般在立秋日当天，苗族群众穿上盛装，结伴成群，欢聚在传统的秋场上，打秋千、吹笙、唱歌跳舞，预祝丰收和幸福。该节主要流行于湖南湘西一带。2014 年 11 月，苗族赶秋节被列入第四批国家级非物质文化遗产代表性项目名录。

乡村旅游等极具价值。

二十四节气申遗成功不是终点，而是传承和保护的新起点。“非遗”保护的真正目的在于面向未来传承文化传统，为中国当代文化的创新与世界文明的发展提供动力。

古人通过对农业生产规律的认识和把握，缔造培育了二十四节气等中华农耕文明。随着现代科技的发展，人类改造和利用自然的能力增强了，设施农业、大棚蔬果等让我们不再受节气的严格制约。二十四节气对于农事的指导功能有所减弱。但不管社会发展如何日新月异，人类对土地、对农业的依恋不会改变，农业的基础地位不会改变。二十四节气仍是许多种植户进行农业生产、安排农村生活的根据；二十四节气进入小学课程，成为培养孩子认知自然万物的时间坐标；二十四节气在当代中国人的生活中依然具有多方面的文化意义和社会功能。

二十四节气蕴含的农耕文明的智慧和理念，不仅对发展未来生态的、有机的、循环的现代农业有重要指导意义，对全社会的和谐健康发展也颇具启迪意义。然而，在“‘70后’不愿种地，‘80后’不会种地，‘90后’不提种地，未来农村将由谁来种地?”的隐忧中，一些附着在农业生产上的农耕文化正在消亡。二十四节气等农耕文化传承任重道远。因此，需要在年轻人中，特别是在农村年轻人（包括务工青年）中，科普二十四节气与农业生产生活关系的知识，营造好发展环境，让青年农民热爱农业、农村，成为二十四节气的传承人、使用人和受益人。

先辈的智慧和创造力激励当代“三农”人在传承、保护传统农耕文明的基础上奋发前行，创造新的“三农”光荣与梦想。当前，现代农业和生态美丽乡村建设为新农耕文明的孕育发展创造了契机和广阔的空间。期待中国农业为世界农耕文化做出新的更大的贡献。

一、根据课文内容，回答下列问题。

1. 二十四节气是如何产生的？

2. 为什么说“二十四节气是中国人尊重自然、顺应自然的鲜明体现”？

3. 二十四节气如何影响着人们的思维方式和行为准则？

4. “二十四节气对于农事的指导功能有所减弱”与二十四节气申遗成功是否矛盾？为什么？

二、普通话发音朗读训练。

nóng gēng	lóng gōng	juān kè	quǎn kē
农耕	龙宫	镌刻	犬科
gòng yíng	gōng yíng	jīng zhé	jìn zé
共赢	恭迎	惊蛰	尽责
shī féi	sī wéi	qì yùn	qǐ yòng
施肥	思维	气韵	启用
qīng míng	qīn mín	gāng jīn	gǎn jǐn
清明	亲民	钢筋	赶紧

lì chūn tiān jiàn nuǎn, yǔ shuǐ sòng féi máng	dào le jīng zhé jié, chú tou bù tíng xiē	xiǎo mǎn qián hòu, zhòng guā diǎn dòu	xiǎo xuě yān cài, dà xuě yān ròu
立春天渐暖， 雨水送肥忙	到了惊蛰节， 锄头不停歇	小满前后， 种瓜点豆	小雪腌菜， 大雪腌肉
qīng míng chī qīng tuán, lì qiū chī xī guā	dōng zhì jiǎo zi xià zhì miàn	chūn xià yǎng yáng, qiū dōng yǎng yīn	dōng bìng xià zhì
清明吃青团， 立秋吃西瓜	冬至饺子 夏至面	春夏养阳， 秋冬养阴	冬病夏治
chūn fēn lì dàn	qīng míng tà qīng sǎo mù	gǔ yǔ cǎi chá	xiǎo shǔ cháng xīn mǐ, dà shǔ chī fèng lí
春分立蛋	清明踏青扫墓	谷雨采茶	小暑尝新米， 大暑吃凤梨
bái lù bú lù shēn	sān mén jì dōng	zhuàng zú shuāng jiàng jié	miáo zú gǎn qiū jié
白露不露身	三门祭冬	壮族霜降节	苗族赶秋节

三、根据拼音写出词语，并选词填空。

wù hòu（　　）　mián yán（　　）　cì yǔ（　　）　jīng zhé（　　）

chéng zài（　　）　hóng yáng（　　）　dì zào（　　）　yùn hán（　　）

1. 我们要珍惜那些大自然________人类的宝贵资源。
2. ________是二十四节气中的第三个节气，它的到来标志着仲春季节的开始。此后，万物复苏，春雷隆隆，好像在与阴冷的冬季告别。
3. 冰雪覆盖的山峰重重叠叠，________千里，气势磅礴。
4. 语言是一个民族的血液，它是________文明的江河。可以说，人类的大多数文明和文化遗产都是通过语言文字被保存下来的。
5. 作为养蜂人，我们平时要留心记录天气情况，仔细观察季节变化以及________现象，从中寻找规律，就可以比较准确地预测蜜源花期，指导生产。
6. 爱国主义精神和爱国主义信念不是某一时代的产物，而是无论什么时代都应该大力________的时代精神。
7. 人类命运共同体意识超越了种族、文化、国家的界限，为思考人类的未来提供了崭新的视角，为________一个更加美好的世界给出了可行的方案。
8. 春秋战国时期诸子百家的思想博大精深，源远流长，而其中________的治国理念更是对后世有着十分深远的影响。

四、易混词辨析。

充满　　充斥

1. 作为一个乡土文学作家，他运用故事性、口语化、通俗易懂的语言进行创作，作品内容质朴，________泥土气息。
2. 火情十分紧急，浓烟________着整幢大楼，能见度很低。在这种情况下，只有配备了特种防护器材的消防队员才能进入大楼，搜救被困人员。
3. 唐代诗人李贺的诗作构思奇特，色彩浓郁，________丰富的想象力，在唐诗中独树一帜。

缔造　　创造

4. 我们的老师鼓励每位同学的____________精神，从来不束缚我们的手脚。

5. 这所新建的实验中学致力于为学生____________一种贴近实际生活又有利于深入研究的学习环境。

6. 让孩子们拥有什么样的成长环境，意味着我们将培育出具有何种文化素质、知识结构、价值观念和品德修养的接班人，也意味着我们为国家____________了一个什么样的未来。

五、给下列句子排序。

1. （　　）

①此时长江中下游地区将进入多雨的黄梅时节

②芒种的意思是“有芒的麦子快收，有芒的稻子可种”

③它表示仲夏时节的正式开始，此时，太阳到达黄经75°

④芒种是农历二十四节气中的第九个节气，夏季的第三个节气

⑤《月令七十二候集解》中说：“五月节，谓有芒之种谷可稼种矣。”

A. ②③④⑤①　　B. ④③②⑤①

C. ④⑤③①②　　D. ①④③②⑤

2. （　　）

①说明古代对冬至日的重视

②《汉书》中说：“冬至阳气起，君道长，故贺。”

③《宋书》中记载：“魏晋冬至日受万国及百僚称贺……其仪亚于正旦。”

④人们认为：过了冬至，白昼一天比一天长，阳气回升，是一个节气循环的开始，也是一个吉日，应该庆贺

⑤在我国古代，人们对冬至很重视，冬至被当作一个较大的节日，曾有“冬至大如年”的说法，而且有庆贺冬至的习俗

A. ②③①④⑤　　B. ②④③①⑤

C. ⑤②④③①　　D. ④②⑤③①

六、课外拓展。

二十四节气反映了人与自然之间的关系，蕴含着中华民族悠久的文化内涵和历史积淀。为了便于记忆，人们编出了《二十四节气歌》，歌谣朗朗上口。民间有多个版本，下面是常见的一个版本：

春雨惊春清谷天，
夏满芒夏暑相连，
秋处露秋寒霜降，
冬雪雪冬小大寒。
每月两节不变更，
最多相差一两天。

请你根据《二十四节气歌》中提到的内容，按顺序列出二十四个节气，查阅相关资料完成下表，并和全班同学交流。

序号	节气名称	对名称的简要解释	物候特点或气象表现	对农业生产的意义或启示
1				
2				
3				
4				
5				
6				
7				
8				
9				
10				
11				
12				
13				
14				
15				

（续表）

序号	节气名称	对名称的简要解释	物候特点或气象表现	对农业生产的意义或启示
16				
17				
18				
19				
20				
21				
22				
23				
24				

微听力

听水袖翩然里的六百年时光[①]

扫一扫，听录音

七、听第一遍录音，选择正确答案。

1. 根据录音材料，下列哪一项是白先勇[②]先生对昆曲的评价？（　　）

A. 昆曲无他，得一‘美’字

B. 昆曲生于南方，长于南方

C. 昆曲美于情真，美于意切

2. 下列哪部作品拉开了此后六百多年昆曲享誉天下的序幕？（　　）

A. 梁辰鱼的《浣纱记》

B. 汤显祖的《牡丹亭》

C. 孔尚任的《桃花扇》

① 录音材料原载于搜狐网（2020 年 5 月 18 日），选作课文时有改动。

② 白先勇：1937 年生于广西南宁，作家，著有短篇小说集《台北人》《寂寞的十七岁》《纽约客》等。

3. 昆曲声名最辉煌、成就最显著的阶段是在：（ ）

A. 民国初年　　B. 18世纪后期

C. 明万历之前至清嘉庆初年间

4. 下列哪一项不属于“临川四梦”？（ ）

A.《邯郸记》　　B.《紫钗记》　　C.《长生殿》

5.“百戏之祖”的昆曲逐渐不再独领风骚是在什么时候？（ ）

A. 民国初年　　B. 18世纪后期

C. 明万历之前至清嘉庆初年间

6. 昆曲被列入人类口头和非物质遗产代表作名录是在：（ ）

A. 民国初年

B. 18世纪后期

C. 2001年5月18日

八、听第二遍录音，回答下列问题。

1. 昆曲的题材有哪些？
2. 简单说一说《浣纱记》在昆曲发展史上的重要作用。
3. 请按照时间顺序简述昆曲的发展历程。
4. 昆曲只是一个剧种吗？根据录音材料，谈谈你对昆曲的认识。

微朗诵

昆曲·长生殿[①]（选段）

端冕中天，垂衣南面，山河一统皇唐。层霄雨露回春，深宫草木齐芳。升平早奏，韶华好，行乐何妨。愿此生终老温柔，白云不羡仙乡。[②]

①《长生殿》是清初剧作家洪昇创作的戏剧，重点表现了唐朝天宝年间皇帝昏庸、政治腐败给国家带来的巨大灾难。戏剧虽然谴责了唐明皇的穷奢极侈，但又表达了对唐明皇和杨贵妃之间爱情的同情，间接表达了对明皇统治的同情，同时还表达了对美好爱情的向往。洪昇（1645—1704），字昉思，号稗畦，又号稗村、南屏樵者，浙江钱塘（今浙江省杭州市）人，中国清代戏曲家、诗人，与《桃花扇》作者孔尚任并称“南洪北孔”。

② 选自《长生殿·第二出·定情》。

蒙奖。沉吟半晌，怕庸姿下体，不堪陪从椒房。受宠承恩，一霎里身判人间天上。须仿冯嫕当熊[①]，班姬辞辇[②]，永持彤管[③]侍君傍。惟愿取恩情美满，地久天长。[④]

如今独自虽无恙，问余生有甚风光！只落得泪万行，愁千状！我那妃子呵，人间天上，此恨怎能偿！[⑤]

神仙本是多情种，蓬山远，有情通。情根历劫无生死，看到底终相共。尘缘倥偬[⑥]，忉利有天[⑦]情更永。不比凡间梦，悲欢和哄，恩与爱总成空。跳出痴迷洞，割断相思鞚[⑧]；金枷脱，玉锁松。笑骑双飞凤，潇洒到天宫。[⑨]

九、朗诵并完成以下练习。

1. 清楚流利地朗诵短文，注意正确停顿，将音频分享到班级群中。
2. 《长生殿》的曲词清丽流畅，刻画细致，抒情色彩浓郁。请查找音频或视频资料欣赏《长生殿》昆曲片段。有兴趣的同学可以模仿其唱腔，录一段视频分享到班级群中。

---

① 冯嫕（nì）当熊：也作“冯媛（yuàn）当熊”。汉元帝率左右于后宫观斗兽，有熊逸出圈，攀栏欲上殿。冯婕妤直前当熊而立，保护元帝免遭伤害。后以“冯媛当熊”为爱君之典。媛，美女。

② 班姬辞辇（niǎn）：也作“班妾辞辇”。汉成帝为了能够时刻与班婕妤形影不离，特地命人制作了一辆较大的辇车，可当成帝命她同车出游时，却被班婕妤正色拒绝。她对成帝说：“赏评古代留下的图画，圣贤之君都是大臣在旁边陪同，亡国之君才与妃子一起就座。如果今天要我与你同车进出，你岂不和亡国之君一样了吗？”

③ 彤管：指古代女史用以记事的杆身为红色的笔。

④ 选自《长生殿·第二出·定情》。

⑤ 选自《长生殿·第三十二出·哭像》。

⑥ 倥（kǒng）偬（zǒng）：（事情）急迫匆忙。

⑦ 忉（dāo）利有天：佛教用语。意译“三十三天”。

⑧ 鞚（kòng）：马笼头。

⑨ 选自《长生殿·第五十出·重圆》

微阅读

口　技[①]

京中有善口技者。会[②]宾客大宴，于厅事之东北角，施八尺屏障，口技人坐屏障中，一桌、一椅、一扇、一抚尺而已。众宾团坐。少顷，但闻屏障中抚尺一下，满坐寂然，无敢哗者。

遥闻深巷中犬吠，便有妇人惊觉欠伸，其夫呓语。既而儿醒，大啼。夫亦醒。妇抚儿乳，儿含乳啼，妇拍而呜之。又一大儿醒，絮絮不止。当是时，妇手拍儿声，口中呜声，儿含乳啼声，大儿初醒声，夫叱大儿声，一时齐发，众妙毕备。满坐宾客无不伸颈，侧目，微笑，默叹，以为妙绝。

未几，夫齁声起，妇拍儿亦渐拍渐止。微闻有鼠作作索索，盆器倾侧，妇梦中咳嗽。宾客意少舒，稍稍正坐。

忽一人大呼"火起"，夫起大呼，妇亦起大呼。两儿齐哭。俄而百千人大呼，百千儿哭，百千犬吠。中间[③]力拉崩倒[④]之声，火爆声，呼呼风声，百千齐作；又夹百千求救声，曳[⑤]屋许许[⑥]声，抢夺声，泼水声。凡所应有，无所不有。虽人有百手，手有百指，不能指其一端；人有百口，口有百舌，不能名其一处也。于是宾客无不变色离席，奋袖出臂，两股战战，几欲先走。

忽然抚尺一下，群响毕绝。撤屏视之，一人、一桌、一椅、一扇、一抚尺而已。

---

① 本文作者林嗣环。林嗣环（1607—约1662），字铁崖，号起八，福建安溪（今福建省泉州市安溪县）人。著有《铁崖文集》《海渔编》《岭南纪略》《荔枝话》《口技》等。《口技》写的是一场精彩的口技表演，表演者用各种不同的声响，逼真地模拟出一组有节奏、有连续性的生活场景。2011年5月23日，经国务院批准，口技被列入第三批国家级非物质文化遗产名录。

② 会：适逢，正赶上。

③ 中间（jiàn）：其中夹杂着。

④ 力拉崩倒：噼里啪啦，房屋倒塌。力拉，拟声词。

⑤ 曳（yè）：拉。

⑥ 许（hǔ）许（hǔ）：拟声词，呼喊声。

十、请将古文改写为现代汉语。

1. 会宾客大宴，于厅事之东北角，施八尺屏障，口技人坐屏障中，一桌、一椅、一扇、一抚尺而已。

2. 中间力拉崩倒之声，火爆声，呼呼风声，百千齐作；又夹百千求救声，曳屋许许声，抢夺声，泼水声。凡所应有，无所不有。

十一、你欣赏过口技表演吗？文章首尾“一桌、一椅、一扇、一抚尺而已”表现出口技艺人怎样的表演水平？请你谈谈读完《口技》或欣赏口技表演后的感受。

微交际

我眼中的“非遗”

截至2020年12月，中国列入联合国教科文组织非物质文化遗产名录的项目共计42项，总数位居世界第一。①

请以“我眼中的‘非遗’”为主题，组织一次班级文化论坛活动，每个人可以根据自己的兴趣选取一个或者两个“非遗”项目，在查阅资料、收集图片的基础上，制作图文并茂的PPT向全班展示、介绍，并和其他同学交流。

中国列入联合国教科文组织非物质文化遗产名录的项目

1. 昆曲	2. 古琴艺术	3. 新疆维吾尔木卡姆艺术
4. 蒙古族长调民歌	5. 中国篆刻	6. 中国雕版印刷技艺
7. 中国书法	8. 中国剪纸	9. 中国传统木结构建筑营造技艺
10. 南京云锦织造技艺	11. 端午节	12. 中国朝鲜族农乐舞

① 数据资料来源于中国非物质文化遗产网。

13. 妈祖信俗	14. 蒙古族呼麦歌唱艺术	15. 南音
16. 热贡艺术	17. 中国传统桑蚕丝织技艺	18. 龙泉青瓷传统烧制技艺
19. 宣纸传统制作技艺	20. 西安鼓乐	21. 粤剧
22. 花儿	23. 玛纳斯	24. 格萨（斯）尔
25. 侗族大歌	26. 藏戏	27. 中医针灸
28. 京剧	29. 中国皮影戏	30. 中国珠算
31. 二十四节气	32. 藏医药浴法	33. 太极拳
34. 送王船	35. 羌年	36. 黎族传统纺染织绣技艺
37. 中国木拱桥传统营造技艺	38. 麦西热甫	39. 中国水密隔舱福船制造技艺
40. 中国活字印刷术	41. 赫哲族伊玛堪	42. 福建木偶戏后继人才培养计划

微写作

“非遗”传承，有你有我

我国是一个历史悠久的文明古国，拥有丰富的非物质文化遗产。这些非物质文化遗产既是历史发展的见证，又是珍贵的、具有重要价值的文化资源。身为中华民族的一员，我们每个人都应当肩负起传承文明、弘扬文化的责任。

“非遗”在当代应该如何传承呢？请你以《“非遗”传承，有你有我》为题，写一篇议论文，谈谈你的想法。要求观点鲜明，论述清晰，论据充分，契合题意。不少于1000字。

第6课

中医中药

中医药学包含着中华民族几千年的健康养生理念及其实践经验，是中华文明的一个瑰宝，凝聚着中国人民和中华民族的博大智慧。新中国成立以来，我国中医药事业取得显著成就，为增进人民健康做出了重要贡献。

要遵循中医药发展规律，传承精华，守正创新，加快推进中医药现代化、产业化，坚持中西医并重，推动中医药和西医药相互补充、协调发展，推动中医药事业和产业高质量发展，推动中医药走向世界，充分发挥中医药防病治病的独特优势和作用，为建设健康中国、实现中华民族伟大复兴的中国梦贡献力量。

——2019年习近平对中医药工作做出的重要指示

中医中药

中医药学是中华民族优秀文化的瑰宝，也是打开中华文明宝库的钥匙。中医药学以《黄帝内经》为基本框架体系，治法上阴中求阳、阳中求阴，急则治标、缓则图本，标本兼治，“辨证论治”。中医药学独到的内涵特质、思辨哲理，充分彰显了道法自然、天人合一的内在生存理念。它以人为本，弘扬“大医精诚”“仁者爱人”的精神，更蕴含着中华民族讲仁爱、重民本等思想理念以及敬业乐群、扶危济困等中华传统美德，为中华民族的繁衍生息和健康做出了不可磨灭的贡献，也是中华民族对世界人民健康之贡献。

主课文

中医学理论发展史略[①]（节选）

课前提示问题：

1. 中医学理论有哪些分支？

2. 中医药领域的名家名著有哪些？

中医学是中国人民几千年来同疾病做斗争的丰富经验的总结，是中国传统文化的精髓。中医学的学科属性是以自然科学知识为主体，与人文社会科学等多学科知识相交融的医学知识体系。中医学有其独特的理论体系，是以整体观念为指导思想，以阴阳学说、五行学说等为哲学基础，以脏腑经络和精气血津液等理论为生理病理基础，以辨证论治为诊疗特点的医学理论体系。从古至今，中医学已经传播到世界各地，为人类的健康维护和疾病防治做出了巨大贡献。

先秦至汉末是中医学的形成时期。医学起源于人类维持生存和生产劳动的实践。从远古到春秋时期是中医学的经验积累由少到多、由个别到一般的时期。此时的中医学还没有形成体系，但是古代长期的医疗实践积累了丰富的经验，为中医学理论体系的形成奠定了实践基础；古代科学，如天文、历法、气象、农业等多学科知识对中医学的渗透和影响，为中医学理论体系的形成奠定了自然科学基础；古代哲学思想，如自然观和阴阳五行学说为古代医家归纳总结、分析研究零散的医疗经验，形成理性认识，构建中医学理论体系奠定了哲学基础。从战国到汉代，古代医家经过对医药经验的总结提升，形成了中医学的理论体系，其标志是《黄帝内经》《黄帝

① 本文作者谢宁、张国霞。谢宁，1957 年出生，黑龙江中医药大学基础医学院教授，兼任中华中医药学会中医基础理论分会副主任委员等职。张国霞，1956 年出生，天津中医药大学中医学院教授，兼任中华中医药学会中医基础理论分会委员、中华中医药学会中医体质分会委员。本文节选自《中医学基础》(中国中医药出版社，2016 年版）中的绪论，选作课文时有改动。题目为本书编者所加。

八十一难经》《伤寒杂病论》《神农本草经》四部经典著作的相继问世。

中医学理论体系确立之后，历代医家结合临床医疗实践，从不同角度发展了中医学理论。

魏晋南北朝至隋唐时期，丰富的医疗实践使中医学逐渐充实和系统化。晋代王叔和的《脉经》是第一部脉学专著；皇甫谧的《针灸甲乙经》是第一部针灸学专著，发展了经络、腧穴和针灸治疗的方法和理论；隋代巢元方的《诸病源候论》是第一部病因病机证候学专著；唐代孙思邈的《千金要方》是中医学最早的百科全书，详述方剂分类及处方适应证，发展了脏腑辨证理论，使其内容更加丰富和系统化，并提出了“大医精诚”的医德标准。在中药学方面，唐代苏敬等主持编写的《新修本草》，又称《唐本草》，收载了国产和外来药物844种。《新修本草》是世界上最早的一部药典，为我国和世界医药学的发展做出了重要贡献。在方剂学方面，如晋代葛洪的《肘后备急方》、唐代王焘的《外台秘要》等，汇集了历代名方和一些海外传来的方剂，使汉唐的许多名方得以传世，是现代研究唐以前方剂的重要资料。

宋、金、元时期最显著的成就是中医学流派的形成，这推动了中医学理论的发展，中药学、方剂学不断发展、完善。宋代陈无择的《三因极一病证方论》提出三因学说；钱乙的《小儿药证直诀》发展了脏腑辨证理论；唐慎微的《经史证类备急本草》，后世简称《证类本草》，载药1748种；著名的方书《太平圣惠方》和《圣济总录》，前者载方16834首，后者载方近两万首，集宋代以前的大成；《太平惠民和剂局方》载方788首，是我国历史上第一部由政府编制的成药药典；陈自明的《妇人大全良方》、严用和的《济生方》等都是实践经验的总结，对后世方剂学的发展都有一定影响。金元时期，成无已的《伤寒明理药方论》虽只论述了20首伤寒方，但却是第一部专门剖析方剂理论的专著，开创了后世方论的先河；刘完素的《素问玄机原病式》阐发了《内经》病机理论及运气学说，认为百病多因于“火”，因为“六气皆从火化”和“五志过极，皆为热甚”，善用寒凉药物，被后世尊为“寒凉派”，其学术思想及临床经验对明清时期温病学派的形成产生了重要影响；张从正认为人之生病，皆因“邪气”所致，故治病应以祛“邪”为首务，善用汗、吐、下三法，后世称之为“攻下派”或“攻邪派”；李杲的《脾胃论》认为脾胃为元气之本，饮食不节、劳逸过度、情志内伤皆可损伤脾胃而致元气虚衰，百病丛生，故治疗当以补脾胃为先，养生亦应重视顾护脾胃，后世称之为“补土派”；朱震亨善治杂病，创见颇多，倡导“阳有余阴不足”论和“相火论”，治病善用养阴药，后世称之为“滋阴派”。刘完素、张从正、李杲、朱震亨四位医家被后人尊为“金元四大家”。

明清时期出现了很多综合性医书。明代楼英的《医学纲目》和王肯堂的《证治准绳》通论中医基础理论及临床各科证治；李时珍的《本草纲目》载药1892种，按药物的自然属性和生态条件分为16纲60类，是驰名中外的中药学著作；明代朱橚等人编纂的《普济方》载方61739首，是我国现存最大的一部方书。在藏象学说的研究方面，明代张介宾的《景岳全书》和赵献可的《医贯》对命门学说发展影响较大；李中梓提出“先后天根本论”，认为“肾为先天本”“脾为后天本”，治疗疾病当固先后天根本，至今仍有重要意义。清代吴谦等编写的《医宗金鉴》和陈梦雷主编的《古今图书集成·医部全录》集古今医书和临床各科之大成，为后世习医者提供了极大方便。在温病学方面，明代吴有性对瘟疫病的病因和致病途径提出了创见；清代叶桂创立“卫气营血辨证”，吴瑭创立“三焦辨证”方法，并提出温热病不同发展阶段的代表方剂及养阴清热的治疗大法。

鸦片战争以后，西方医学大量传入中国，中西医两种医学体系的碰撞与交融产生了中西汇通派，故此时期的特点是由中西论争发展至中西汇通，乃至中西医结合。如清末朱沛文的《华洋脏象约纂》主张“中西医各有是非，不能偏主”，应“中西参照”；张锡纯的《医学衷中参西录》强调从理论到临床都应“衷中参西”，主张中西药合用，开中药与西药并用之先河。

新中国成立后，中西医学工作者在整理研究历代医学文献的同时，运用现代科学方法研究中医基础理论，在经络与藏象实质研究等方面取得了长足进展；引进一些新的诊察方法与手段，开展了四诊客观化的研究；用现代科学技术来研究和发扬中药学，也做了许多很有价值的工作；众多医家研制了不少新的有效方剂，并利用现代科学技术与方法对一些古代著名方剂做了临床与试验研究，为方剂的研究开创了新的局面；临床在继承古代医家诊治经验的基础上，受西医学的影响，分科细化，并提出了中西医学辨证辨病相结合的新思路。这些都促进了中医学的发展。

一、根据课文内容，回答下列问题。

1. 中医学理论体系是如何形成的？
2. 中医学理论的发展经历了哪些时期？
3. 金元时期中医学形成了哪些流派？各流派的主张是什么？
4. 中西医两种医学体系在碰撞与交融过程中形成了哪些观点？

二、普通话发音朗读训练。

zàng fǔ	zhàng fu	jīng qì	jīn qì
脏腑	丈夫	精气	金器
líng sǎn	lǐng shǎng	wèi jìn	wèi jìng
零散	领赏	魏晋	胃镜
fāng jì	fàn jì	yǎng shēng	yǎng shēn
方剂	犯忌	养生	养身
biān zuǎn	biān zhuàn	shí zhì	shí zì
编纂	编撰	实质	识字

biàn zhèng lùn zhì	dà yī jīng chéng	yǐn shí bù jié	láo yì guò dù
辨证论治	大医精诚	饮食不节	劳逸过度
bǎi bìng cóng shēng	chuàng jiàn pō duō	chí míng zhōng wài	zhōng xī huì tōng
百病丛生	创见颇多	驰名中外	中西汇通

三、根据拼音写出词语，并选词填空。

shèn tòu　　qū xié　　zhì bìng　　jīng suǐ

(　　)　　(　　)　　(　　)　　(　　)

diàn dìng　　wēn yì　　pí wèi
(　　　)　(　　　)　(　　　)

1. 这家医药公司的几个年轻人带着传播中华医药＿＿＿＿＿＿、为非洲人民健康服务的信念，带着树立中国产品品牌和中国企业形象的精神，以及让中国医药企业进入国际市场的信心，踏上了走疫区、进医院、访官员、探病人的造福非洲之路。

2. 樟脑辛热，具有开窍杀虫、理气辟浊、除痒止疼的功效，常用于治疗跌打损伤、关节疼痛等，具有辅助艾绒温经散寒止痛，增强艾绒、草乌药效＿＿＿＿＿＿的作用。

3. 在治疗癌症的实践中，中医从调节人体阴阳、气血、脏腑、经络功能平衡着手，照顾全身，提高免疫力，扶正＿＿＿＿＿＿，达到治疗的目的。

4. 应消除人们对艾滋病的无知和恐惧，既要强调艾滋病是一种病死率极高的疾病，被称为“世纪＿＿＿＿＿＿”，更要说明其预防关键在于自身的行为，反对排斥和歧视艾滋病病毒感染者。

5.《中医药法》实施以来，各项配套政策不断出台，阶段性成果逐渐显现，这为中医药产业的长期发展＿＿＿＿＿＿了坚实的基础。

6. 冬季食补要注意保护＿＿＿＿，做到进补有节，不要过食，食物要清淡，肉食要炖烂煮透，忌食生冷油腻。

7. 建设全民医疗卫生保障体制，确保人人享有健康，是打破因贫＿＿＿＿＿、因病致贫恶性循环的重要环节，是消除贫困必须优先解决的重大问题。

四、易混词辨析。

维护　　保护

1. 为了＿＿＿＿＿＿学习者的合法权益，确保现代远程教育试点学校的办学质量，教育部办公厅发出紧急通知，加强现代远程教育招生工作管理。

2. 少用塑料袋，垃圾分类处理，公交出行……让我们携起手来，__________环境，从我们身边做起。

3. 据农业农村部畜牧兽医局局长介绍，我国4万公顷的草地资源对________生态平衡具有不可替代的作用。

编纂　　编写

4. 中国档案学会依托国家档案局和各级档案部门，在档案缩微复制、档案自动化、文献____________、文书处理与机关档案管理等各个领域开展了形式多样的档案学术交流和科学技术研究，取得了较大成效。

5. 古琴成功申请成为人类口头和非物质遗产代表作，有关部门已经准备从乐谱普查、乐谱采集收藏、曲谱____________、古琴录音等各个方面开展一系列工作。

6. 门诊医护人员根据门诊儿童常见的多发病，利用业余时间____________了《医学小知识》系列手册，供学龄儿童及家长阅读，普及医学知识，起到了良好的宣传教育作用。

交融　　交汇

7. 据省气象局消息，受冷暖气流____________影响，23日至24日，我省将有明显的降水天气过程。

8. 在网络时代，诗歌已经不是才子的专利，而是大众的文学。在经济全球化发展、各国文化____________、中文走向国际的背景下，现代中文诗歌应该适应中文国际传播的需求。

9. 竞技武术进入奥林匹克大家庭将有助于促进东西方文化的__________，促进世界文化的多元发展，丰富奥林匹克运动，并更好地弘扬奥林匹克精神。

五、给下列句子排序。

1.　　　　　　　　　　　　　　　　　　　　　　　　　　　　（　　）

① 医者，必须拒绝冷漠

② 患者渴望从医生那里得到精神上的慰藉

③ 更重要的是，职业的真谛恰恰就在这“随意”之中

④ 他们渴望听到医生耐心地解释病情，在意医生的一个动作、一个触摸、一句话、一句提醒

⑤ 如果医生轻慢了这些看似随意的细节，那么无形中对渴求和期待这些细节的人将会造成巨大的伤害

A. ②④①⑤③　　B. ②④⑤③①

C. ①②④⑤③　　D. ①②③④⑤

2.（　　）

① 整体，就是事物本身所存在的统一性、完整性和联系性

② 这个思想贯穿于生理、病理、辨证、诊法、治疗和养生等整个中医理论体系之中

③ 任何部分，必须置入整体之中，没有整体就没有部分，整体也不能离开部分而单独存在

④ 事物是一个整体，事物内部的各个部分是相互联系、不可分割的，世界上万事万物都有着密切的联系

⑤ 中医学的整体观念既重视人体自身的统一性和完整性，又强调人和自然环境、社会环境之间的相互影响性和不可分割性

A. ①④③⑤②　　B. ④①③⑤②

C. ⑤②①④③　　D. ③①④⑤②

六、课外拓展。

请查阅中国科学家屠呦呦获得诺贝尔生理学或医学奖时发表的演讲《青蒿素——中医药献给世界的一份礼物》。关于中医药的价值以及“衷中参西”“中西医结合”，你有何看法和观点？请将要点写在下面，并在小组内分享。

____

____

____

____

微听力

中医献力“健康中国”①

扫一扫，听录音

七、听第一遍录音，选择正确答案。

1. 张院士认为中医应该在疾病康复中发挥什么作用？（　　）
   A. 主导　　B. 协同　　C. 核心
2. 在“健康中国”建设中，中国对中西医的政策是什么？（　　）
   A. 中西结合　　B. 中西并重　　C. 衷中参西
3. 张院士认为中医的两个独特优势是什么？（　　）
   A. 临床与基层　　B. 服务与效果　　C. 联动与防治
4. 张院士建议通过什么方式培训基层大夫？（　　）
   A. 定期会诊　　B. 网络培训　　C. 优秀大夫下基层辅导
5. 在中西医结合治疗方面，张院士认为应该明确什么问题？（　　）
   A. 中西医的理论体系
   B. 中西医的临床效果
   C. 中西医在治疗不同病症上的优势

关于网络传播中医养生知识，下列哪一项不正确？（　　）
   A. 建议加强正面引导，加强规范管理
   B. 网络养生文章鱼目混珠，质量参差不齐
   C. 媒体加强宣传，古籍专家科普中医知识

八、听第二遍录音，填写表格。

中医在疾病各阶段发挥的作用

治疗阶段	作用
	主导作用
	协同作用
	核心作用

① 录音材料根据中国网《中国访谈》2018年3月9日对中国工程院张伯礼院士的采访改写。题目为本书编者所加。“健康中国”是2017年10月18日习近平同志在十九大报告中提出的发展战略。

中西医各自的优势

疾病类型	中西医优势比较
消化系统的疾病	________ 效果好
老年疾病	________ 效果好
妇科疾病	________ 效果好
外科疾病	________ 效果好
重症急症	________ 效果好
慢性疾病	________ 效果好
肿瘤	________ 效果好

微朗诵

扁鹊见蔡桓公①

扁鹊见蔡桓公，立有间②，扁鹊曰："君有疾在腠理③，不治将恐深。"桓侯曰："寡人无疾。"扁鹊出，桓侯曰："医之好治不病以为功！"

居十日，扁鹊复见，曰："君之病在肌肤，不治将益深。"桓侯不应。扁鹊出，桓侯又不悦。

居十日，扁鹊复见，曰："君之病在肠胃，不治将益深。"桓侯又不应。扁鹊出，桓侯又不悦。

居十日，扁鹊望桓侯而还走。桓侯故使人问之，扁鹊曰："疾在腠理，汤熨④之所及也；在肌肤，针石之所及也；在肠胃，火齐⑤之所及也；在骨髓，司命之

① 本文选自《韩非子·喻老》。题目为后人所加。扁鹊，战国时期名医，原名秦越人，渤海郡鄚（mò）（今河北省任丘市北）人。因其医术精湛，人们就用传说中的上古轩辕时代的名医扁鹊的名字来称呼他。本文所谓的"蔡桓公"，据考证应该是战国时期田氏代齐以后的第三位齐国国君，谥号为"齐桓公"，史称"田氏齐桓公"或"齐桓公午"，本名田午。因其曾迁都上蔡，人们又称田午的齐国为"蔡国"，所以韩非子把田午称作"蔡桓公"。

② 有间（jiàn）：一会儿。

③ 腠（còu）理：指人体肌肤之间的空隙和肌肉、皮肤纹理。

④ 汤熨（wèi）：指用热水熨帖患处。汤，热水。熨，用药物热敷。

⑤ 齐（jì）：通"剂"。

所属，无奈何也。今在骨髓，臣是以无请也。”

居五日，桓侯体痛，使人索扁鹊，已逃秦矣。桓侯遂死。

九、朗诵并完成以下练习。

1.清楚流利地朗诵短文，注意正确停顿，将音频分享到班级群中。

2.《扁鹊见蔡桓公》的故事说明了什么道理？

微阅读

大医精诚[①]（节选）

夫大医之体，欲得澄神内视[②]，望之俨然，宽裕汪汪，不皎不昧[③]，省病诊疾，至意深心，详察形候，纤毫勿失，处判针药，无得参差，虽曰病宜速救，要须临事不惑，唯当审谛覃思[④]，不得于性命之上，率尔自逞俊快，邀射[⑤]名誉，甚不仁矣。又到病家，纵绮罗满目，勿左右顾眄[⑥]；丝竹凑耳，无得似有所娱；珍羞迭荐，食如无味；醽醁[⑦]兼陈，看有若无。所以尔者，夫一人向隅，满堂不乐，而病人苦楚，不离斯须，而医者安然欢娱，傲然自得，兹乃人神之所共耻，至人[illegible]不为，斯盖医之本意也。

夫为医之法，不得多语调笑，谈谑喧哗，道说是非，议论人物，炫耀声名，訾毁[⑧]诸医，自矜已德，偶然治瘥[⑨]一病，则昂头戴面，而有自许之貌，谓天下无双，此医人之膏肓也。

---

① 本文作者孙思邈。孙思邈（581—682），京兆华原（今陕西省铜川市耀州区）人，唐代医药学家，被后人尊称为“药王”。孙思邈一生著书八十余种，其中以《千金要方》的影响最大。《千金要方》，又称《备急千金要方》《千金方》，是中国古代中医学经典著作之一，该书集唐代以前诊治经验之大成，被誉为中国最早的临床医学百科全书，对后世医学的发展影响深远。本文选自《千金要方》第一卷。

② 内视：内心反省。

③ 不皎不昧：不亢不卑。

④ 审谛覃（tán）思：仔细观察和深入思考。

⑤ 邀射：追求。

⑥ 顾眄（miǎn）：左顾右盼。

⑦ 醽（líng）醁（lù）：美酒名。

⑧ 訾（zǐ）毁：诽谤，非议。

⑨ 瘥（cuó）：病。

十、请将古文改写为现代汉语。

1. 夫大医之体，欲得澄神内视，望之俨然，宽裕汪汪，不皎不昧，省病诊疾，至意深心，详察形候，纤毫勿失，处判针药，无得参差，……

____

____

2. 又到病家，纵绮罗满目，勿左右顾眄；丝竹凑耳，无得似有所娱；珍羞迭荐，食如无味；醽醁兼陈，看有若无。

____

____

3. 夫为医之法，不得多语调笑，谈谑喧哗，道说是非，议论人物，炫耀声名，訾毁诸医，自矜己德，……

____

____

十一、结合阅读材料，简述“大医”应具备的技术与品德，并举例说明。

微交际

中医疗法简介

中医治疗方法按治疗途径可分为外治、内治两大类。在外治中最具特色的有针灸疗法、推拿疗法、拔火罐疗法等；在内治中最具特色的是各种中草药疗法，其中最著名的有汗、吐、下、和、温、清、消、补八法。

在以上中医疗法中选择一种，查阅相关资料，制作PPT，在班级中进行详细介绍与展示。

微写作

中医名家

扁鹊、华佗、张仲景、孙思邈、李时珍……都是中医名家。请选择一位中医名家，从人物生平、著作研究、轶事典故、医风医德和主要医学贡献等角度进行资料整理，并在此基础上完成一篇人物述评。要求逻辑清晰，结构合理，观点鲜明，语言规范，注意突出科普类文章的科学性与条理性。题目自拟。1000字左右。

第7课 中国建筑

城市建设，要让居民望得见山、看得见水、记得住乡愁。“记得住乡愁”，就要保护弘扬中华优秀传统文化，延续城市历史文脉，保留中华文化基因。要保护好前人留下的文化遗产，包括文物古迹，历史文化名城、名镇、名村，历史街区、历史建筑、工业遗产，以及非物质文化遗产，不能搞“拆真古迹、建假古董”那样的蠢事。既要保护古代建筑，也要保护近代建筑；既要保护单体建筑，也要保护街巷街区、城镇格局；既要保护精品建筑，也要保护具有浓厚乡土气息的民居及地方特色的民俗。

——2015年12月20日习近平在中央城市工作会议上的讲话

中国建筑

家是人们心灵的港湾，同样，建筑是一个民族的精神寄托。中国古典建筑是世界上唯一以木结构为主的建筑体系，体现着中国人的伦理观、审美观、价值观和自然观。历史上，中国古典建筑曾对亚洲多国建筑产生过深远影响。如今，现代的中国建筑在保留传统风格的基础上，也借鉴着西方的艺术特色，兼容并收，不断发展。

主课文

北京——都市计划的无比杰作[①]

课前提示问题：

1. 北京城的发展脉络大致是什么样的？

2. 北京城布局的最大特点是什么？

一个城是不断随着政治经济的变动而发展着、改变着的，北京当然也非例外。北京最早的建筑基础是唐代的幽州城[②]，在此后的一千年间，北京曾经有过四次大规模的发展，或扩建，或新修，分别为金代的中都[③]、元代的大都[④]、明代早期所修的内城及中叶以后所建的外城。北京今天的凸字形城墙就是这样完成的。清代承继了明代的北京，对城市的整体布局系统未加改动，一直到了现代。

北京城的凸字形平面是逐步发展而来的。它在 16 世纪中叶完成了现在的特殊形状。城内的全部布局则是由中国历代都市的传统制度，通过特殊的地理条件，和元、明、清三代政治经济实际情况而发展成的。

大略地说，凸字形的北京，北半是内城，南半是外城，故宫为内城核心，也是全城的布局重心。全城就是围绕这中心而部署的。但贯通这全部部署的是一根直线。一根长达八公里、全世界最长、也最伟大的南北中轴线穿过了全城。北京独有的壮美秩序就由这条中轴的建立而产生。前后起伏、左右对称的空间分配都是以这中轴为依据的。气魄之雄伟就在这个南北引申、一贯到底的规模。我们可以从外城最南的永定门说起，从这南端正门北行，中轴线左右是

① 本文作者梁思成。梁思成（1901—1972），广东新会（今广东省江门市新会区）人，建筑历史学家、建筑教育家和建筑师，被誉为“中国近代建筑之父”，毕生致力于中国古代建筑的研究和保护。本文选作课文时有改动。

② 幽州城：唐代幽州的治所，中国北方的军事重镇和商贸中心。城域大部在今北京市西城区内。

③ 中都：金代都城，遗址在北京市旧城外城的西南部，大约位于今北京市西城区、丰台区。

④ 大都：元代都城，元大都土城墙遗址位于今北京市海淀区、朝阳区。

先农坛和天坛两个约略对称的建筑群；经过长长一条市楼对列的大街，到达珠市口的十字街口之后，才面向着内城第一个重点——雄伟的正阳门楼。在门前百余米的地方，拦路一座大牌楼，一座大石桥，为这第一个重点做了前卫。但这还只是一个序幕。过了此点，从正阳门楼到中华门，由中华门到天安门，一起一伏、一伏而又起，这中间千步廊（民国初年已拆除）御路的长度，和天安门面前的宽度，是最大胆的空间的处理，衬托着建筑重点的安排。由天安门起，是一系列轻重不一的宫门和广庭，金色照耀的琉璃瓦顶，一层又一层的起伏峋峙，一直引导到太和殿顶，便到达中线前半的极点，然后向北，重点逐渐退削，以神武门为尾声。再往北，又"奇峰突起"地立着景山做了宫城背后的衬托。景山中峰上的亭子正在南北的中心点上。由此向北是一波又一波的远距离重点的呼应。由地安门，到鼓楼、钟楼，高大的建筑物都继续在中轴线上。但到了钟楼，中轴线便有计划地、也恰到好处地结束了。中线不再向北到达墙根，而将重点平稳地分配给左右分立的两个北面城楼——德胜门和安定门。有这样气魄的建筑总布局，以这样规模来处理空间，世界上就没有第二个！

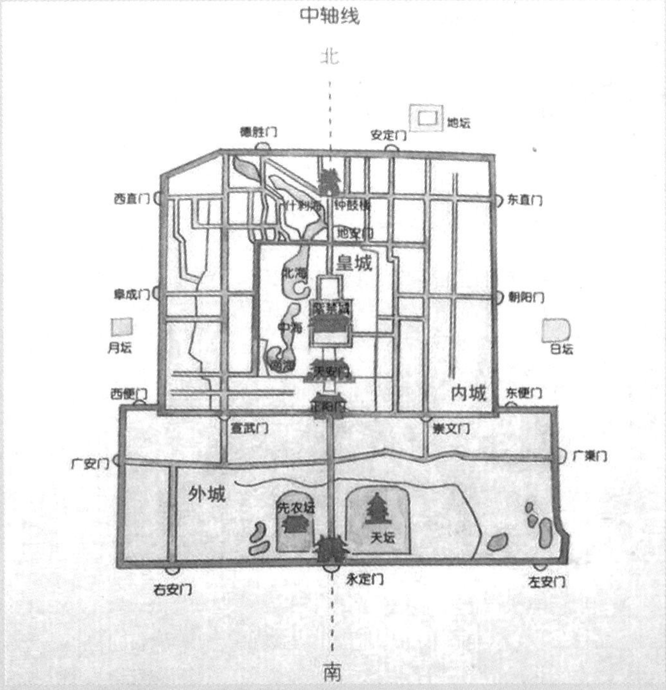

北京中轴线示意图

中线的东西两侧为北京主要街道的骨干；东西单牌楼和东西四牌楼是四个热闹商市的中心。城的四周，宫城的四角上、内外城的四角和各城门上，立着十几个环卫的突出点。这些城门上的门楼、箭楼及角楼增强了全城三度空间的抑扬顿挫和起伏高下。北海和中海、什刹海的湖沼岛屿所产生的不规则布局，和琼华岛塔和妙应寺白塔所产生的突出点，以及许多坛庙园林的错落，也都增强了规则的布局和不规则的变化的对比。在有了飞机的时代，由空中俯瞰，或仅由各个城楼上或景山顶上遥望，都可以看到北京杰出成就的优异。

一、根据课文内容，回答下列问题。

1. 北京城现代的布局系统是什么时候形成的？
2. 北京全城是围绕哪个中心布局的？
3. 北京城中轴线的最南端和最北端分别在哪里？
4. 北京城规则的布局中也有不规则的变化，这些不规则的变化是指哪些地方？

二、普通话发音朗读训练。

wài chéng	wài céng	zhú bù	zú bù
外城	外层	逐步	足部
shí jì	shì jì	xíng shì	xíng sì
实际	世纪	形式	形似
zhòng xīn	zhōng xīn	zhì xù	zì xù
重心	忠心	秩序	自序
wěi shēng	wèi shēng	yōu yì	yóu yù
尾声	卫生	优异	犹豫

qián hòu qǐ fú	zuǒ yòu duì chèn	qì pò xióng wěi	yí guàn dào dǐ
前后起伏	左右对称	气魄雄伟	一贯到底
qīng zhòng bù yī	qǐ fú xún zhì	qià dào hǎo chù	yì yáng dùn cuò
轻重不一	起伏峋峙	恰到好处	抑扬顿挫

三、根据拼音写出词语，并选词填空。

qì pò（　　） bù shǔ（　　） dǎo yǔ（　　）

fǔ kàn（　　） xù mù（　　） zhào yào（　　）

1. 我们还没有勘查过东海岸的情况，所以我准备在这几天内到东海岸去，一方面调查那一带的地理和物产情况，一方面也可以看看在东海附近有没有其他的＿＿＿＿＿＿。
2. 除了索妮娅，其他人也不由自主顺着丽达的视线从山顶＿＿＿＿＿＿下去：但见莽莽苍苍的丘陵在远方起伏蜿蜒，云遮雾绕。
3. 当前我省已经进入主汛期，各地各有关部门要认真分析防汛工作面临的严峻形势、认清存在的问题和不足，对各项工作要再检查、再＿＿＿＿＿＿、再落实。
4. 你的本色，还有你当初叱咤风云的威武和＿＿＿＿＿＿、运筹帷幄的策略和谋断都是什么时候给丢了的？
5. 在他的带领下，那些群众演员也登上了高高的戏台。一场轰轰烈烈的演出就这样拉开了＿＿＿＿＿＿。
6. 没有友情的人生是黯淡的，就像大地失去了太阳的＿＿＿＿＿＿，没有光彩；没有友情的人生是枯燥的，就像受了潮的火柴，任你怎样摩擦，也点燃不起生活的希望之火。

四、易混词辨析。

布局　　部署

1. 近日，香格里拉市召开生态环境保护委员会第二次会议，深入学习贯彻习近平总书记重要讲话和指示精神，分析总结生态文明建设工作成效，查找薄弱环节，安排＿＿＿＿＿＿今年的重点工作任务。
2. 高等学校发展迅猛，校园建设是当务之急。改建、扩建前要充分研究学校的发展规模和发展方向，研究校园规划与＿＿＿＿＿＿，以求建设出有特色、有个性的校园。

3. 去年商用车市场全面萎缩时，我们已经完成了产品及市场错位__________，新增产能成为新的市场增长动力。

秩序　　次序

4. 掠夺性的低价传递了一个非常不真实的价格信息，当零售价格比生产价格还低的时候，这个价格一定会扰乱正常的市场__________。
5. 各县（市、区）要围绕年度工作目标，找准工作定位，明确时间节点，列出具体计划，分时间、分步骤、分__________抓落实。
6. 全市道路安全畅通，运输__________井然，没有出现旅客滞留现象和重大安全事故。

衬托　　烘托

7. 有的菊花全开了，露出鹅黄的花蕊；有的菊花半开着，像害羞的小姑娘，尤其是含苞欲放的花骨朵儿，在绿叶的__________下，显得格外娇美。
8. 剪纸是一项广受人们喜爱的民间艺术。无论在日常生活里、各种节日中还是在婚宴、寿宴等重要场合，人们都喜欢用剪纸来装点环境，__________气氛。
9. 虽然绘本是用图画讲故事的书，但有些时候文字起到了必要的__________、渲染、铺陈的作用。

五、给下列句子排序。

1. （　　）

① 由四根柱子组成的立体空间称为“一间”

②“间”的数量成为衡量建筑规模的最重要的指标

③ 中国传统建筑的平面布局以“间”为基本的构成单位

④ 我们在谈某一中国传统建筑时，一般很少讲单体房屋的大小，而总是讲它有多少间房屋

⑤ 比如，说到北京故宫，人们一般都知道它规模宏大，大大小小的房屋共有9000多间，居中国建筑之最

A. ③①④②⑤　　B. ④⑤③①②

C. ③④⑤①②　　D. ④①②③⑤

2. （　　）

① 阿房宫烧了，滕王阁坍了，黄鹤楼则是新近重修

② 别国的遗迹一般修建于一时，兴盛于一时，以后就以纯粹遗迹的方式保存着，让人瞻仰

③ 中国的长城就不是如此，总是代代修建、代代拓抻。长城，作为一种空间的蜿蜒，竟与时间的蜿蜒紧紧对应

④ 相较于埃及的金字塔、印度的山奇大塔、古罗马的斗兽场遗迹，中国的许多文化遗迹常常带有历史的层累性

⑤ 中国历史太长，战乱太多，苦难太深，没有哪一种纯粹的遗迹能够长久保存，除非躲在地下，躲在坟里，躲在不为常人注意的秘处

A. ⑤①②③④　　B. ④②③⑤①

C. ⑤①③②④　　D. ④②⑤①③

六、课外拓展。

选读梁思成的其他文章或书籍，将他关于中国建筑的其他观点写在下面，并在小组内分享。

微听力

建筑与艺术①

扫一扫，听录音

七、听第一遍录音，选择正确答案。

1. 潘先生认为建筑体现了建筑师的：（　　）

A. 人文素养　　B. 修养、眼光和胸怀　　C. 对社会的感受和看法

① 录音材料根据《建筑艺术之美——公共建筑篇》（庄雅典，北京大学出版社，2018年版）中对潘冀的采访内容改写。题目为本书编者所加。潘冀是我国著名建筑师。

2. 根据录音材料，下列哪一项是潘先生在大学时学过的课程？（ ）

A. 哲学　　B. 数学　　C. 心理学

3. 在建筑师和业主意见不一致时，潘先生认为建筑师应该：（ ）

A. 直接说“不”

B. 坚持自己的想法

C. 欣然接受业主的想法

4. 潘先生提到“应声虫”，下列哪个词跟“应声虫”的意思最接近？（ ）

A. 曲高和寡　　B. 一鸣惊人　　C. 人云亦云

5. 潘先生认为建筑的后现代风潮怎么样？（ ）

A. 极大提高了建筑效率

B. 大量复制后就失去了特色

C. 在某种程度上是在模仿旧的东西

6. 下列哪一项是潘先生的观点？（ ）

A. 人类文明史是由技术革命驱动的

B. 美好的事物是能够与自己的时空融合的

C. 人类的文明史是对旧事物不断否定的历史

八、听第二遍录音，回答下列问题。

1. 潘先生认为建筑师是否需要人文素养？为什么？
2. 潘先生认为面对很有想法的业主，建筑师应该怎么做？
3. 根据潘先生的介绍，工业革命是如何影响现代建筑的发展的？
4. 根据潘先生的介绍，请简述从20世纪30年代至今的建筑特点。

微朗诵

陋　室　铭[①]

山不在高，有仙则名。水不在深，有龙则灵。斯是陋室，惟吾德馨。苔痕上

① 本文作者刘禹锡。刘禹锡（772—842），字梦得，祖籍河南洛阳，唐代文学家、哲学家，有“诗豪”之称。代表作有《陋室铭》《竹枝词》《杨柳枝词》《乌衣巷》等。本文选自《刘禹锡集》(中华书局，1990年版)。陋室，简陋的屋子。铭，古代刻在器物上用来警诫自己或者称述功德的文字，后来成为一种文体。

阶绿，草色入帘青。谈笑有鸿儒[1]，往来无白丁[2]。可以调素琴[3]，阅金经[4]。无丝竹之乱耳，无案牍[5]之劳形。南阳诸葛庐[6]，西蜀子云亭[7]。孔子云：何陋之有？

九、朗诵并完成以下练习。

1. 清楚流利地背诵短文，注意正确停顿，将音频分享到班级群中。
2. 刘禹锡在《陋室铭》中是如何评价自己的家的？这表现了作者什么样的品质？

微阅读

阿房宫赋[8]（节选）

六王毕，四海一。蜀山兀[9]，阿房出。覆压三百余里，隔离天日[10]。骊山北构而西折，直走咸阳。二川溶溶，流入宫墙。五步一楼，十步一阁；廊腰缦回[11]，檐牙高啄；各抱地势，钩心斗角[12]。盘盘焉，囷囷焉[13]，蜂房水涡，矗不知其几千万落。长桥卧波，未云何龙？复道行空，不霁何虹？高低冥迷，不知西东。歌台暖响，

① 鸿儒：博学的人。鸿，大。
② 白丁：平民，指没有功名的人。
③ 素琴：不加装饰的琴。
④ 金经：指佛经（佛经用泥金书写）。
⑤ 案牍（dú）：官府文书。
⑥ 南阳诸葛庐：诸葛亮隐居南阳住的草庐。
⑦ 西蜀子云亭：扬子云在西蜀的屋舍。西蜀，今四川。子云，即扬雄。
⑧ 本文作者杜牧。杜牧（803—853），字牧之，京兆万年（今陕西省西安市）人，唐代文学家，晚年居住在长安城南的樊川别墅，后世因此称他“杜樊川”。诗歌创作在晚唐独树一帜，人们将他和杜甫比，称他为“小杜”；他又和李商隐齐名，人们合称他们为“小李杜”。本文选自《樊川文集》(上海古籍出版社，1978年版)。本文写于唐敬宗宝历元年（825年）。当时唐敬宗李湛年少即位，好游猎，务声色，大兴土木，不理朝政。杜牧在《上知己文章启》中说：“宝历大起宫室，广声色，故作《阿房宫赋》。”阿（ē）房（旧读 páng）宫，秦始皇在渭水之南营造的宫殿，始建于公元前212年，到秦亡时尚未完工。
⑨ 兀（wù）：高而上平。这里指树木被砍光，山秃了。
⑩ 隔离天日：遮蔽了天日。这里形容宫殿楼阁的高大。
⑪ 廊腰缦回：走廊曲折环绕。
⑫ 钩心斗角：中心相勾连，檐角相拼合。这里形容建筑结构参差错落，精致工巧。
⑬ 囷（qūn）囷焉：回旋的样子。

春光融融；舞殿冷袖，风雨凄凄。一日之内，一宫之间，而气候不齐。

……

嗟乎！一人之心，千万人之心也。秦爱纷奢，人亦念其家。奈何取之尽锱铢[1]，用之如泥沙？使负栋之柱，多于南亩之农夫；架梁之椽，多于机上之工女；钉头磷磷[2]，多于在庾[3]之粟粒；瓦缝参差，多于周身之帛缕；直栏横槛，多于九土[4]之城郭；管弦呕哑，多于市人之言语。使天下之人，不敢言而敢怒。独夫[5]之心，日益骄固。戍卒叫[6]，函谷举[7]；楚人一炬[8]，可怜焦土。

呜呼！灭六国者六国也，非秦也。族秦[9]者秦也，非天下也。嗟乎！使六国各爱其人，则足以拒秦；使秦复爱六国之人，则递三世可至万世而为君，谁得而族灭也？秦人不暇自哀，而后人哀之；后人哀之而不鉴之，亦使后人而复哀后人也。

十、请将古文改写为现代汉语。

1. 歌台暖响，春光融融；舞殿冷袖，风雨凄凄。一日之内，一宫之间，而气候不齐。

____

____

2. 嗟乎！一人之心，千万人之心也。秦爱纷奢，人亦念其家。奈何取之尽锱铢，用之如泥沙？

____

____

① 锱（zī）铢（zhū）：古代很小的重量单位。这里指微小的数量。

② 磷（lín）磷：有棱角的样子。这里形容钉头突出。

③ 庾（yǔ）：谷仓。

④ 九土：九州。

⑤ 独夫：失去人心而极端孤独的统治者。这里指秦始皇。

⑥ 戍卒叫：指陈胜、吴广起义。

⑦ 函谷举：指刘邦打进关中，函谷关被攻占。

⑧ 楚人一炬：指项羽火烧阿房宫。

⑨ 族秦：使秦灭族。

3. 秦人不暇自哀，而后人哀之；后人哀之而不鉴之，亦使后人而复哀后人也。

十一、你认为作者为传说中恢宏壮观的阿房宫作赋的用意是什么？请简述《阿房宫赋》的思想价值。

微交际

我为古建代言

假设你成为一座古代建筑的代言人，你将如何向自己的朋友或同学推介这座建筑，吸引他们前去参观？

请选择一座自己家乡或者所在城市的古代建筑，从建筑历史、建筑特色、文化背景、现代境况等角度进行资料整理和描述评价，最后整理成 PPT，在课堂上进行报告。由班级投票选出“最佳代言人”。

微写作

古建不古

古建筑是一个国家、一座城市的记忆，是历史的见证者，是珍贵的文化遗产。《我在故宫六百年》是一部聚焦故宫建筑修缮的纪录片，该片围绕古建筑的历史、保护和展览，讲述故宫六百年的历史沿革和建国七十年来老、中、青古建保护者们代代相传让故宫永葆青春的故事。请观看该片，综合本课内容，以《古建不古》为题，写一篇观后感。要求观点明确，结构合理，语言规范。1000 字左右。

第8课 工匠精神

“不惰者，众善之师也。”在长期实践中，我们培育形成了爱岗敬业、争创一流、艰苦奋斗、勇于创新、淡泊名利、甘于奉献的劳模精神，崇尚劳动、热爱劳动、辛勤劳动、诚实劳动的劳动精神，执着专注、精益求精、一丝不苟、追求卓越的工匠精神。劳模精神、劳动精神、工匠精神是以爱国主义为核心的民族精神和以改革创新为核心的时代精神的生动体现，是鼓舞全党全国各族人民风雨无阻、勇敢前进的强大精神动力。

——2020年11月24日习近平在全国劳动模范和先进工作者表彰大会上的讲话

工匠精神

工匠精神是一种职业精神，它是职业道德、职业能力、职业品质的体现，要求从业者要有“执事敬”“事思敬”“修己以敬”的敬业态度，要有精益求精、追求极致的精益品质，要有心无旁骛的专注态度，要有追求突破、追求革新的创新勇气。在喧嚣中，工匠们固执地坚守着内心的宁静，凭着一颗颗耐得住寂寞的匠心，创新传统技艺，传承工匠精神——大国工匠，匠心传世。

主课文

人生在勤，勤则不匮[1]

课前提示问题：

1. 如何理解“勤则不匮”？

2. 你熟悉哪些职业？这些职业应具备哪些职业技能？

工匠，劳动者。人生在勤，勤则不匮。人类是劳动创造的，社会也是劳动创造的。可称“工匠”者，多是在劳动中精益求精者、勤勉不懈者。工匠，既是称谓，也是赞誉。

工匠是职业，也是态度，更是精神。依天工而开物，观物象而抒臆，法自然以为师，毕纤毫而传神——工匠做事，有板有眼，一丝不苟，求真唯美。把一个劳动角色做到如此，工匠，就不再只是对工作身份的称谓，而体现出一种特定的态度。态度，在经年累月的打磨之下，又会成为精神。工匠精神，自古至今，在中国劳动者的血脉里从未缺席。

农业文明有工匠，工业文明有工匠，信息文明有工匠，生态文明有工匠。在田间地头精耕细作，汗水滴滴落，粮食粒粒收，是为工匠；在工厂车间精打细磨每一个零部件，把工业产品做到极致精准，是为工匠；在信息技术的“0和1”中缜密推导，在大开大合的网络世界里串联纤毫，是为工匠；寻找生物多样性中各物种间的微妙平衡，在绿水青山与金山银山之间构建精准的绿色机制，是为工匠。

工匠既不平凡，又平凡。木匠千千万，不见得人人都成鲁班；厨工遍地走，未必都能炼成解牛的庖丁。工匠有门槛，功力到、工夫到，才成器；工匠

① 本文作者杨禹。杨禹，1969年出生，北京人，中央电视台特约评论员、中国发展改革报社副社长。本文根据杨禹发表在央视新闻客户端的文章《致敬匠心：人生在勤，勤则不匮》改写。

的大门却又是敞开的，但凡有心的劳动者都可以成为工匠，或让自己走在成为工匠的路上。

工匠既循规蹈矩，又不循规蹈矩。有规有矩才可定方圆。循规蹈矩，在车床边就是执行最精密的工业标准，在田地间就是恪守五谷生长的农事规律。工匠须有耐心，一个动作常重复成千上万遍；工匠得有恒心，在该守的规矩、标准、尺度前，从不随意妄为；工匠又要有足够丰沛的好奇心，能工巧匠，不只是重复前人，还应是探索未知世界时的排头尖兵——在循规蹈矩中坚守、传承，在不循规蹈矩中创新、创造。

工匠既可复制，又不可复制。可复制的是工匠的精神，以及工匠们身上所承载的劳动态度、劳动标准；不可复制的是每一位工匠的酸甜苦辣、每一位工匠独特的魅力。工匠可多得，要复制工匠，工匠精神就是最好的基因、公开的密码；工匠亦不常得，千锤百炼、千辛万苦，都不过是一位伟大工匠诞生前的序曲。

工匠既需自身修为，又靠制度打造。工匠若想成器，必定慎独、慎初、慎微，自我要求，自我加压，自我监督。工匠心、工匠志，是养成工匠的核心原生动力。若想让工匠精神在现代社会里传承发扬，须营造良好的社会环境，保障所有劳动者的合法权益，协调处理好复杂的劳动关系，创建有利于工匠成长的体制机制。

工匠自己可不计名利，社会要让工匠有名有利。工匠之所以成为工匠，必是不求名、不逐利，必能克服寂寞、击退诱惑、战胜自我。而一个尊重劳动、鼓励创造的国家，一个懂得尊敬工匠、呵护工匠的社会，则应让默默劳作者得到合理回报，让成大器者得到充分激励——让工匠有名，实至名归；让工匠得利，利予工匠，利在国家。

于国，工匠是重器；于家，工匠是栋梁；于人，工匠是楷模。中国梦目标在前，积跬步以至千里，每一个脚印，都由你我用工匠精神刻下。劳动者楷模在前，每一段人生，都不妨从工匠精神里汲取最朴素的力量。

一、根据课文内容，回答下列问题。

1. 工匠指的是哪类人群？
2. 工匠的含义有哪些？
3. 工匠具有哪些特质？
4. 如何成为一名工匠？
5. 工匠精神的意义何在？

二、普通话发音朗读训练。

rén shēng	rén shēn	zàn yù	zhàn yì
人生	人身	赞誉	战疫
jué sè	jiāo shè	píng fán	pín fán
角色	交涉	平凡	频繁
kè shǒu	ké sou	héng xīn	héng xīng
恪守	咳嗽	恒心	恒星
zì shēn	zhì shēn	bǎo zhàng	bǎo zàng
自身	置身	保障	宝藏

qín zé bú kuì	jīng yì qiú jīng	yǒu bǎn yǒu yǎn	yì sī bù gǒu
勤则不匮	精益求精	有板有眼	一丝不苟
jīng nián lěi yuè	jīng gēng xì zuò	xún guī dǎo jǔ	néng gōng qiǎo jiàng
经年累月	精耕细作	循规蹈矩	能工巧匠
suān tián kǔ là	qiān chuí bǎi liàn	qiān xīn wàn kǔ	shí zhì míng guī
酸甜苦辣	千锤百炼	千辛万苦	实至名归

三、根据拼音写出词语，并选词填空。

dòng liáng（　　） zàn yù（　　） zhěn mì（　　） fēng pèi（　　）

shèn dú（　　） kuǐ bù（　　） kǎi mó（　　）

1. 共青团干部必须锤炼优良作风，既要有干事创业的激情，更要有脚踏实地的作为。要深刻领会中央八项规定的精神实质，养成慎始、＿＿＿＿＿＿、慎微的意识，走好人生每一步。
2. “可爱莆仙戏，风流世代传。弦歌八百曲，珠玉五千篇。”这是我国著名文学家、戏剧家老舍先生1962年＿＿＿＿＿＿莆仙戏的诗篇。
3. 伴着报告人的动情讲述，一个感人的故事层层展开，故事的主人公就是新时期国防科技战线的尖兵、当代高级知识分子的＿＿＿＿＿＿——中国科学院院士马祖光。
4. 梁任公在《清代学术概论》结论中说，我国民确富有“学问的本能”，尤其经过清代考证学派二百余年的训练，学子的头脑渐趋于冷静＿＿＿＿＿＿，成为一种遗传。
5. 学习的过程可以改变大脑的结构。即使起跑时落后了，通过后天努力也可以实现超越。这是一个不断累积的过程，久而久之就会产生明显变化，正所谓“积＿＿＿＿＿＿以至千里”。
6. 海南岛拥有丰富的热带作物资源，由于岛上冬季没有极端低温，阳光充足，雨量＿＿＿＿＿＿，土质适宜，因此，热带、亚热带地区绝大多数品种的作物都可在岛上培植。海南岛完全有条件成为一个综合性的育种基地。
7. 我们作为大学生，作为祖国未来的＿＿＿＿＿＿，一定要按照总书记希望的那样，坚定理想信念，砥砺道德品行，脚踏实地，胸怀天下，创新发展，努力成才。

四、易混词辨析。

保障　　保证

1. 要从严从紧、从细从实抓好疫情防控各项工作，尽快遏制疫情扩散蔓延势头，全力＿＿＿＿＿＿人民群众生命安全和身体健康。
2. 预防用生物制品是预防和控制传染病必不可少的重要产品，也是制定卫生防疫方针的物质＿＿＿＿＿＿。

3. 为____________中小学生享有充足睡眠时间，促进学生身心健康发展，教育部印发了《关于进一步加强中小学生睡眠管理工作的通知》。

权益　　权利

4.“病人选医生”制度在全国逐步推开，使传统医患关系发生了根本变革。这一变革引起热烈反响，它很好地体现了医疗机构“以病人为中心”的人道主义理念，在现代法治精神参照下，赋予了患者一项重要的____________——“择医权”。

5. 在资本主义政府时期，工人参加工会保卫自己，以反对工厂主日益严重的剥削，并为争取基本____________——八小时工作制、基本的社会保险——而斗争，为反对失业、反对雇主野蛮、专横的权力而斗争。

6. 近日，市人力资源和社会保障局下发通知，要求各用人单位落实好高温天气下保障劳动者合法____________的主体责任，落实各项防暑措施，对不适宜高温天气作业的劳动者及时协商调整工作任务，并及时向符合条件的劳动者发放高温津贴。

体制　　机制

7. 为全力做好校园及周边区域治安秩序维护和道路交通安全等工作，公安机关结合学校实际情况，严格落实“一校一警”工作____________，在上下学高峰时段，加大警力投入，采取车巡、步巡、值守等措施，加强校园及周边区域巡逻防控，不断提升见警率、管事率。

8. 我们正在实施一批重大民生工程，包括大规模建设保障性安居工程，保障困难群众住有所居，深化医疗卫生____________改革，实现全民基本医保等。

9. 各级干部都是人民的公仆，必须受到人民和法律的监督。要通过加强党内监督、法律监督、群众监督，建立健全依法行使权力的制约和监督____________。

五、给下列句子排序。

1. （ ）

①中华民族历来有“敬业乐群”“忠于职守”的传统

②早在春秋时期，孔子就主张人在一生中始终要“执事敬”“事思敬”

③敬业是中国人的传统美德，也是当今社会主义核心价值观的基本要求之一

④“执事敬”是指行事要严肃认真、不怠慢，“事思敬”是指临事要专心致志、不懈怠

⑤敬业是从业者基于对职业的敬畏和热爱而产生的一种全身心投入的认认真真、尽职尽责的职业精神状态

A. ③②④⑤①　　B. ⑤①②④③

C. ③⑤①②④　　D. ⑤①③②④

2. （ ）

①徐立平的工作是为火箭或导弹发动机的固体推进剂（混合固体火炸药）进行微整形

②在此过程中，危险时刻相伴，敏感的火炸药一旦遭遇强力摩擦，便会剧烈燃烧甚至爆炸

③徐立平说出了他的经验：削切的力量要均匀，速度要缓慢，千万不可心浮气躁、用力过猛

④而金属刀具削切火炸药，时时刻刻在发生摩擦，要避免箭毁人亡的爆炸，削切力量和技巧就十分关键

⑤就是用金属刀具将火箭或导弹发动机内装填好的固体火炸药一点儿一点儿地削切，修整至设计要求的型面

A. ①⑤②④③　　B. ①②③⑤④

C. ①⑤④②③　　D. ①②④③⑤

六、课外拓展。

你身边有没有令人敬佩、技艺精湛的“工匠”或“师傅”？请结合课文内容，在下面列出采访提纲，对其进行采访，并在课堂上向其他同学汇报。

____

____

____

____

微听力

工匠精神的意蕴①

扫一扫，听录音

七、听第一遍录音，选择正确答案。

1. 四位嘉宾谈论的主题是什么？（　　）
   A. 工匠精神的内涵
   B. 工匠精神的外延
   C. 工匠精神的意义
2. 下列哪一项是工匠精神的力量源泉？（　　）
   A. 持之以恒　　B. 爱岗敬业　　C. 守正创新
3. 下列哪一项体现了工匠的职业水准？（　　）
   A. 敬业　　B. 精业　　C. 奉献
4. “开拓创新、持续专注”是对工匠精神哪一层面的解读？（　　）
   A. 思想层面　　B. 目标层面　　C. 行为层面
5. 下列哪一项的寓意是“善于学习、勤于攻关”？（　　）
   A. 鲁班精神　　B. 金刚钻精神　　C. 苦行僧精神
6. 下列哪一项是四位嘉宾关于工匠精神的共同观点？（　　）
   A. 精益求精、爱岗敬业
   B. 持之以恒、传承技术
   C. 守正创新、锲而不舍

① 录音材料原载于《人民日报》(2016年6月21日)，选作课文时有改动。题目为本书编者所加。

八、听第二遍录音，摘录各位嘉宾的观点，并进行复述。

嘉宾	对工匠精神的理解
董志勇	
王晓峰	
高凤林	
李梅宇	

微朗诵

公输刻凤[1]（节选）

公输[2]之刻凤也，冠距未成，翠羽未树；见其身者，谓之䳍鸱[3]；见其首者，名曰鸴鸅[4]。皆訾[5]其丑而笑其拙。

及凤之成，翠冠云耸，朱距电摇，锦身霞散，绮翮[6]焱[7]发。翙然[8]一翥[9]，翻翔云栋，三日而不集[10]。然后赞其奇，而称其巧。

九、朗诵并完成以下练习。

1. 清楚流利地朗诵短文，注意正确停顿，将音频分享到班级群中。
2. 简述鲁班的生平及其发明创造，概括鲁班所展现的古代技工的优秀品质。

① 本文作者刘子。刘子，生卒年不详，亦名刘昼，字孔昭，渤海阜城（今河北省阜城县东）人，北齐时期思想家、文学家。本文节选自《刘子·知人》。

② 公输：公输般，指鲁班。

③ 䳍（mǎng）鸱（chī）：猫头鹰一类的鸟。

④ 鸴（wū）鸅（zhé）：鹈鹕的别名，一种水鸟。

⑤ 訾（zǐ）：嘲笑。

⑥ 绮（qǐ）翮（hé）：鲜艳的翅膀。

⑦ 焱（yàn）：火花，火焰。

⑧ 翙（huì）然：鸟飞声响的样子。

⑨ 翥（zhū）：飞举。

⑩ 集：降落下来。

微阅读

鬼斧神工[①]

梓庆[②]削木为鐻[③]，鐻成，见者惊犹鬼神。鲁侯见而问焉，曰："子何术以为焉？"对曰："臣工人，何术之有？虽然，有一焉。臣将为鐻，未尝敢以耗气也，必齐[④]以静心。齐三日，而不敢怀庆赏爵禄；齐五日，不敢怀非誉巧拙；齐七日，辄然[⑤]忘吾有四枝[⑥]形体也。当是时也，无公朝[⑦]。其巧专而外滑[⑧]消，然后入山林，观天性，形躯至矣，然后成见鐻，然后加手焉，不然则已。则以天合天，器之所以疑神者，其是与！"

东野稷[⑨]以御[⑩]见庄公[⑪]，进退中[⑫]绳[⑬]，左右旋中规[⑭]。庄公以为文弗过也。使之钩百[⑮]而反。颜阖[⑯]遇之，入见曰："稷之马将败。"公密[⑰]而不应。

少焉，果败而反。公曰："子何以知之？"曰："其马力竭矣而犹求焉，故曰败。"

工倕[⑱]旋而盖规矩，指与物化而不以心稽，故其灵台一而不桎[⑲]。忘足，履之

① 本文作者庄子。庄子（约前369—前286），名周，宋国蒙（今河南省商丘市东北）人，战国中期思想家、哲学家、文学家，庄学的创立者，道家学派代表人物，与老子并称"老庄"。本文节选自《庄子·外篇·达生》。题目为本书编者所加。

② 梓庆：梓，木工。庆，人名。此人以职为姓，称梓庆。

③ 鐻（jù）：悬挂钟鼓的木架，形似虎，上面雕刻着精美生动的图案。

④ 齐：通"斋"，斋戒。

⑤ 辄（zhé）然：不动的样子。

⑥ 枝：通"肢"。

⑦ 无公朝：心中不存公家朝廷之念。

⑧ 滑：乱之意。

⑨ 东野稷（jì）：人名，姓东野，名稷。

⑩ 御：驾驭马车。

⑪ 庄公：鲁庄公，春秋前期鲁国君主。

⑫ 中（zhòng）：合于。

⑬ 绳：直线。

⑭ 规：弧线。

⑮ 钩百：驾驭车马兜一百个圈。

⑯ 颜阖：鲁国贤人。

⑰ 密：默。

⑱ 倕（chuí）：传说为尧时的能工巧匠。

⑲ 桎：通"窒"，滞塞。

适也；忘要①，带之适也；知忘是非，心之适也；不内变，不外从，事会之适也；始乎适而未尝不适者，忘适之适也。

十、请将古文改写为现代汉语。

1. 臣将为鐻，未尝敢以耗气也，必齐以静心。齐三日，而不敢怀庆赏爵禄；齐五日，不敢怀非誉巧拙；齐七日，辄然忘吾有四枝形体也。

____

____

2. 东野稷以御见庄公，进退中绳，左右旋中规。

____

____

3. 少焉，果败而反。公曰："子何以知之？"曰："其马力竭矣而犹求焉，故曰败。"

____

____

十一、细读上面梓庆和东野稷两个小故事，结合你对工匠精神的理解，谈一谈一项技艺达到"游刃有余"的境界需要经历的阶段及必备的要素。

微交际

知名工匠记者会

请你选择一位"大国工匠"，查阅有关他/她的技艺与事迹的资料。在班里举办一场"知名工匠记者会"，在记者会上，请你扮演这名工匠，并接受其他同学（记者）的采访。

① 要：通"腰"。

微写作

匠心筑梦

中华民族的伟大复兴离不开各行各业甘于奉献、执着专注、精益求精、一丝不苟、追求卓越的能工巧匠。工匠精神在中国有着悠久的历史，我们常常用“匠心”来形容做事的高妙境界。

《大国工匠》是从2015年开始中央广播电视总台在“五一”期间播出的节目，讲述的是不同岗位的劳动者用自己灵巧的双手匠心筑梦的故事。《大国工匠》里的劳动者普通又不平凡，他们可能没有进名牌大学、没有耀眼的文凭，而是默默坚守，孜孜以求，在平凡的岗位上追求职业技能的完美和极致，最终脱颖而出，跻身“国宝级”技工行列，成为一个领域不可或缺的人才，成就了自己的梦想。请观看其中一集，综合本课各板块内容，以《匠心筑梦》为题，写一篇观后感。要求观点明确，结构合理，语言规范。1000字左右。

第9课 城市与文明

历史文化是城市的灵魂，要像爱惜自己的生命一样保护好城市历史文化遗产。……要本着对历史负责、对人民负责的精神，传承历史文脉，处理好城市改造开发和历史文化遗产保护利用的关系，切实做到在保护中发展、在发展中保护。

——2014年2月25日习近平在北京市考察工作时的讲话

城市与文明

城市是人类文明的产物，又以自身的成长滋养着人类文明。城市容纳一切生活轨迹，收藏所有喜怒哀乐。晨曦下的每一条街、每一栋楼，暮色中的每一条河、每一座桥，都有着各自的模样、各自的性格，它们连接着你、我和他。一群人和一座城之间相互依恋，相互塑造，彼此成就。文明在城市的呵护中无限生长，而城市就是我们内心中寻找的那个家园——身静心亦安。

主课文

浆声灯影里的秦淮河[1]（节选）

课前提示问题：

1. 杜牧诗“烟笼寒水月笼沙，夜泊秦淮近酒家”描写的是哪座城市？

2. 请查阅相关资料，谈谈历史上的秦淮河。

夜幕垂垂地下来时，大小船上都点起灯火。从两重玻璃里映出那辐射着的黄黄的散光，反晕出一片朦胧的烟霭；透过这烟霭，在黯黯的水波里，又逗起缕缕的明漪。在这薄霭和微漪里，听着那悠然的间歇的桨声，谁能不被引入他的美梦中去呢？只愁梦太多了，这些大小船儿如何载得起呀？我们这时模模糊糊地谈着明末的秦淮河的艳迹，如《桃花扇》及《板桥杂记》里所载的。我们真神往了。我们仿佛亲见那时华灯映水、画舫凌波的光景了。于是我们的船便成了历史的重载了。我们终于恍然秦淮河的船所以雅丽过于他处，而又有奇异的吸引力的，实在是许多历史的影像使然了。

秦淮河的水是碧阴阴的，看起来厚而不腻，或者是六朝金粉所凝么？我们初上船的时候，天色还未断黑，那漾漾的柔波是这样恬静、委婉，使我们一面有水阔天空之想，一面又憧憬着纸醉金迷之境了。等到灯火明时，阴阴的变为沉沉了：黯淡的水光，像梦一般；那偶然闪烁着的光芒，就是梦的眼睛了。我们坐在舱前，因了那隆起的顶棚，仿佛总是昂着首向前走着似的。于是飘飘然如御风而行的我们，看着那些自在湾泊着的船、船里走马灯般的人物，便像是下界一般，迢迢地远了，又像在雾里看花，尽朦朦胧胧的。这时我们已过

① 本文作者朱自清。朱自清（1898—1948），江苏扬州人，原籍浙江绍兴。中国现代散文家、诗人、学者、民主战士。他的散文善于融情入景，即景抒情，代表作有散文《春》《荷塘月色》《背影》等。1923年8月，朱自清与俞平伯同游秦淮河，以《桨声灯影里的秦淮河》为共同的题目，两人各作散文一篇，以风格不同、各有千秋而传世，成为现代文学史上的一段佳话。本文节选自《散文精读·朱自清》(浙江人民出版社，2018年版)，有改动。

了利涉桥，望见东关头了。沿路听见断续的歌声：有从沿河的妓楼飘来的，有从河上船里渡来的。我们明知那些歌声，只是些因袭的言词，从生涩的歌喉里机械地发出来的，但它们经了夏夜的微风的吹漾和水波的摇拂，袅娜着到我们耳边的时候，已经不单是她们的歌声，而混着微风和河水的密语了。于是我们不得不被牵惹着，震撼着，相与浮沉于这歌声里了。从东关头转弯，不久就到大中桥。大中桥共有三个桥拱，都很阔大，俨然是三座门儿，使我们觉得我们的船和船里的我们，在桥下过去时，真是太无颜色了。桥砖是深褐色，表明它的历史的长久，但都完好无缺，令人太息于古昔工程的坚美。桥上两旁都是木壁的房子，中间应该有街路？这些房子都破旧了，多年烟熏的迹，遮没了当年的美丽。我想象秦淮河的极盛时，在这样宏阔的桥上，特地盖了房子，必然是髹漆[1]得富富丽丽的，晚间必然是灯火通明的。现在却只剩下一片黑沉沉！但是桥上造着房子，毕竟使我们多少可以想见往日的繁华，这也慰情聊胜无了。过了大中桥，便到了灯月交辉、笙歌彻夜的秦淮河，这才是秦淮河的真面目哩。

大中桥外，顿然空阔，和桥内两岸排着密密的人家的大异了。一眼望去，疏疏的林，淡淡的月，衬着蓝蔚的天，颇像荒江野渡光景；那边呢，郁葱葱的，阴森森的，又似乎藏着无边的黑暗：令人几乎不信那是繁华的秦淮河了。但是河中眩晕着的灯光、纵横着的画舫、悠扬着的笛韵，夹着那吱吱的胡琴声，终于使我们认识绿如茵陈酒的秦淮水了。此地天裸露着的多些，故觉夜来得独迟些。从清清的水影里，我们感到的只是薄薄的夜——这正是秦淮河的夜。大中桥外，本来还有一座复成桥，是船夫口中的我们的游踪尽处，或也是秦淮河繁华的尽处了。我的脚曾踏过复成桥的脊，在十三四岁的时候。但是两次游秦淮河，却都不曾见着复成桥的面，明知总在前途的，却常觉得有些虚无缥缈似的。我想，不见倒也好。这时正是盛夏。我们下船后，借着新生的晚凉和河上的微风，暑气已渐渐消散；到了此地，豁然开朗，身子顿然轻了——习习的清风荏苒在面上、手上、衣上，这便又感到了一缕新凉了。南京的日光，大概没有杭州猛烈；西湖的夏夜老是热蓬蓬的，水像沸着一般，秦淮河的水却

---

① 髹（xiū）漆：亦作“髤漆”。这里是动词，指把漆涂在器物上。

尽是这样冷冷地绿着，任你人影的憧憧、歌声的扰扰，总像隔着一层薄薄的绿纱面幂似的。它尽是这样静静地、冷冷地绿着。我们出了大中桥，走不上半里路，船夫便将船划到一旁，停了桨由它宕着。他以为那里正是繁华的极点，再过去就是荒凉了，所以让我们多多赏鉴一会儿。他自己却静静地蹲着。他是看惯这光景的了，大约只是一个无可无不可。这无可无不可，无论是升的沉的，总之，都比我们高了。

那时河里热闹极了，船大半泊着，小半在水上穿梭似的来往。停泊着的都在近市的那一边，我们的船自然也夹在其中。因为这边略略地挤，便觉得那边十分地疏了。在每一只船从那边过去时，我们能画出它的轻轻的影和曲曲的波，在我们的心上。这显着是空，且显着是静了。那时处处都是歌声和凄厉的胡琴声，圆润的喉咙，确乎是很少的。但那生涩的、尖脆的调子能使人有少年的、粗率不拘的感觉，也正可快我们的意。况且多少隔开些儿听着，因为想象与渴慕的作美，总觉更有滋味；而竞发的喧嚣、抑扬的不齐、远近的杂沓，和乐器的嘈嘈切切，合成另一意味的谐音，也使我们无所适从，如随着大风而走。这实在因为我们的心枯涩久了，变为脆弱，故偶然润泽一下，便疯狂似的不能自主了。但秦淮河确也腻人。即如船里的人面，无论是和我们一堆儿泊着的，无论是从我们眼前过去的，总是模模糊糊的，甚至渺渺茫茫的，任你张圆了眼睛，揩净了眦垢[①]，也是枉然。这真够人想呢。在我们停泊的地方，灯光原是纷然的，不过这些灯光都是黄而有晕的。黄已经不能明了，再加上了晕，便更不成了。灯愈多，晕就愈甚。在繁星般的黄的交错里，秦淮河仿佛笼上了一团光雾。光芒与雾气腾腾地晕着，什么都只剩了轮廓了，所以人面的详细的曲线，便消失于我们的眼底了。但灯光究竟夺不了那边的月色，灯光是浑的，月色是清的，在浑沌的灯光里，渗入了一派清辉，却真是奇迹！那晚月儿已瘦削了两三分。她晚妆才罢，盈盈地上了柳梢头。天是蓝得可爱，仿佛一汪水似的，月儿便更出落得精神了。岸上原有三株两株的垂杨树，淡淡的影子，在水里摇曳着。它们那柔细的枝条浴着月光，就像一只只美人的臂膊，交互地缠着，挽着，又像是月儿披着的发。而月儿偶然也从它们的交叉处偷偷窥看我

---

① 眦（zì）垢（gòu）：眼屎。

们，大有小姑娘怕羞的样子。岸上另有几株不知名的老树，光光地立着，在月光里照起来，却又俨然是精神矍铄的老人。远处——快到天际线了，才有一两片白云，亮得现出异彩，像美丽的贝壳一般。白云下便是黑黑的一带轮廓，是一条随意画的不规则的曲线。这一段光景，和河中的风味大异了。但灯与月竟能并存着，交融着，使月成了缠绵的月，灯射着渺渺的灵辉。这正是天之所以厚秦淮河，也正是天之所以厚我们了。

一、根据课文内容，回答下列问题。

1. 开篇作者认为秦淮河所具有的奇异吸引力在何处？
2. 作者夜游秦淮河时的心境是如何变化的？从文中哪些地方可以体现出来？
3. 找出文中描写秦淮河河水的语句，并简要说一说秦淮河的水有什么特点。
4. “大中桥共有三个桥拱，都很阔大，俨然是三座门儿，使我们觉得我们的船和船里的我们，在桥下过去时，真是太无颜色了。”为什么作者认为“我们的船和船里的我们……真是太无颜色了”？

二、普通话发音朗读训练。

yōu rán	yōu lán	shén wǎng	shēng wàng
悠然	幽兰	神往	声望
huà fǎng	huà fǎ	wěi wǎn	wēn wǎn
画舫	画法	委婉	温婉
shēng sè	shēn sè	yǎn rán	yān rán
生涩	深色	俨然	嫣然
rěn rǎn	réng rán	chuān suō	chuán shuō
荏苒	仍然	穿梭	传说

zhǐ zuì jīn mí	yù fēng ér xíng	méng méng lóng lóng	xū wú piāo miǎo
纸醉金迷	御风而行	朦朦胧胧	虚无缥缈
huò rán kāi lǎng	cáo cáo qiè qiè	miǎo miǎo máng máng	jīng shén jué shuò
豁然开朗	嘈嘈切切	渺渺茫茫	精神矍铄

三、根据拼音写出词语，并选词填空。

jiàn xiē（　　）　shēng sè（　　）　niǎo nuó（　　）　yǎn rán（　　）

rěn rǎn（　　）　miǎo máng（　　）　jué shuò（　　）

1. 天津，自建城之日起就与商业结缘，600 多年时光__________，如今的天津依旧是北方重要的金融、物流中心，海河桨声桅影依旧，老店名匾仍具风韵。
2. 一部文学作品的灵韵就在于其独特性，如果创作者的初衷是创新，哪怕文笔__________一些、情节粗糙一些，也胜过千篇一律的重复。
3. 这位百岁老人年轻的时候就特别喜欢唱歌，平日里就是编织、刺绣，虽已百岁高龄，但是耳不聋，眼不花，精神__________。
4. 云南大理人有弹弦对调的习俗，农闲时、劳动__________，都是他们弹弦对调的时候。他们三五成群聚集在一起，不分男女老少，歌唱农村的新面貌，歌颂今日的新生活。
5. 生活从来就不容易，面对随时来袭的困难，我们需要从容淡定。从容就是不慌不忙，有条有理；淡定就是即使希望__________，我们仍信念坚定，怀有感恩之心。
6. 在她们姐妹的童年记忆里，家中每天琴声不断，有时妈妈兴起，还会边炒菜边用铲子在锅边打着节拍，而此时正在练琴的姐妹俩也会默契地和着节拍合奏，__________一个家庭乐团。
7. 层层的叶子中间，零星地点缀着些白花，有__________地开着的，有羞涩地打着朵儿的，正如一粒粒的明珠，又如碧天里的星星，又如刚出浴的美人。

四、易混词辨析。

间歇　　间隔

1. 一位年轻医生在义诊＿＿＿＿＿＿对记者说：“今天是我们的院庆日，以这种方式办院庆，虽说苦一点儿，累一点儿，可心情特舒畅。”
2. 导游指着栈道尽头告诉我们，那里有一个水池，名为“铁泉池”，是一个＿＿＿＿＿＿喷泉，每隔几分钟就冒出热气腾腾的滚水。
3. 虽然两地＿＿＿＿＿＿万里，但电话和网络却把我们连在了一起。

生涩　　生疏

4. 在人地＿＿＿＿＿＿的巴黎，她，一个弱女子，要开拓一番事业谈何容易？在这样的艰难时期，卡佩尔向她伸出了援助之手。
5. 他经过一番苦练，绘画技巧已由＿＿＿＿＿＿而渐入佳境，他也越来越有大师的架势。
6. 如果描述企业文化的内容抽象含糊，＿＿＿＿＿＿难懂，就会让人觉得云里雾里，不着边际，那么也就难以达到良好的企业宣传效果了。

喧嚣　　喧闹

7. 一个成功的销售创意应该既有吸引力，也有相关性。在广告＿＿＿＿＿＿的今天，如果你的创意不能引人注目并获得大众信任，那么必定会事倍功半。
8. 上课的铃声一响，＿＿＿＿＿＿的操场立刻安静下来。
9. 这座度假村远离＿＿＿＿＿＿的闹市，朝花夕月，宁静得宛如世外桃源。

五、给下列句子排序。

1. （　　）

①它是城市历史文化的外在表现，是人类共有的文化遗产

②许多古城一般仅有古城墙、护城河和城内部分古建筑，大规模古城风貌区已不存

③ 中国历史悠久，拥有众多历史文化名城，但保存完好的古城，仅有平遥古城、丽江古城、阆中古城等

④ 古城，一般是指拥有百年以上历史、至今仍保存完好或经修缮基本恢复原貌的大规模古代建筑的城市群落

⑤ 但是，那些古代曾经著名、但如今大规模古代建筑群已经消失的城市一般不称为“古城”，而称为“历史文化名城”

A. ④①⑤③②　　B. ④⑤②③①

C. ③①⑤②④　　D. ③⑤①④②

2. （　　）

① 明永乐二年（1404 年）天津设卫

② 由此开始了天津城市的历史，至今已有 600 余年

③ 天津作为中国历史文化名城，是中国四大直辖市之一

④ 也是对外开放的沿海港口大城市和北方重要的经济中心

⑤ 明成祖朱棣为纪念自己南下夺取政权之事，赐名“天津”，即天子的渡口

A. ②③①④⑤　　B. ③④①⑤②

C. ⑤④①③②　　D. ③④②①⑤

六、课外拓展。

阅读俞平伯的《桨声灯影里的秦淮河》，请你从观察角度、描写内容、写作手法等多个方面比较朱自清和俞平伯两位先生笔下的“秦淮河”有何异同。将自己的想法写在下面，并和同学交流。

微听力

蓝蓝的威尼斯[①]

扫一扫，听录音

七、听第一遍录音，选择正确答案。

1. 下列哪一项不是录音中提到的威尼斯城的别称？（　　）

   A. 水都　　B. 水晶

   C. 亚得里亚海滨的一串明珠

2. 威尼斯城有多久的历史？（　　）

   A. 400 多年　　B. 1400 多年　　C. 1592 年

3. 为什么说威尼斯是一个奇特的城市？（　　）

   A. 像太湖水乡，也有说类乎苏州城

   B. 这里不是“开门见山”，而是“开门见水”

   C. 泛舟在大运河上，就像在参观欧洲建筑艺术博览会

4. 汽船穿过一座座桥梁，其中有一座全由大理石建成的：（　　）

   A. 公朵拉　　B. 李亚度桥　　C. 哥特式建筑

5. 圣马可广场的一侧有一座“叹息桥”，其命名原因是：（　　）

   A. 犯人必须经过这里

   B. 站在桥上能够听到犯人的叹息声

   C. 死刑犯经过这里看到圣马可广场的美景，无不感叹

6. 威尼斯的机场的名字是：（　　）

   A. 拿破仑机场　　B. 威尼斯机场　　C. 马可·波罗机场

八、听第二遍录音，回答下列问题。

1. 威尼斯有多少个岛屿和多少条河道相互沟通？

2. 威尼斯最著名的两个名胜古迹是什么？其中一个被拿破仑称为什么？

---

① 录音材料作者马信德。马信德，江苏人，中国体育记者、作家。著有《党救活了他》《走向世界——中国女子排球队的故事》《体育新闻学 ABC》等。威尼斯，意大利东北部港口城市，临亚得里亚海。材料原载于《光明日报》(1978 年 12 月 3 日)，选作课文时有改动。

3. 录音材料末尾提到马可·波罗的用意是什么？
4. 请根据录音材料简述威尼斯城的特色。

微朗诵

茶花赋[①]（节选）

今年二月，我从海外回来，一脚踏进昆明，心都醉了。我是北方人，论季节，北方也许正是搅天风雪，水瘦山寒，云南的春天却脚步儿勤，来得快，到处早像催生婆似的正在催动花事。

花事最盛的去处数着西山华庭寺。不到寺门，远远就闻见一股细细的清香，直渗进人的心肺。这是梅花，有红梅、白梅、绿梅，还有朱砂梅，一树一树的，每一树梅花都是一树诗。白玉兰花略微有点儿残，娇黄的迎春却正当时，那一片春色啊，比起滇池的水来不知还要深多少倍。

究其实这还不是最深的春色。且请看那一树，齐着华庭寺的廊檐一般高，油光碧绿的树叶中间托出千百朵重瓣的大花，那样红艳，每朵花都像一团烧得正旺的火焰。这就是有名的茶花。不见茶花，你是不容易懂得“春深似海”这句诗的妙处的。

九、朗诵并完成以下练习。

1. 有感情地朗诵短文，将音频分享到班级群中。
2. 作者为什么说“不见茶花，你是不容易懂得‘春深似海’这句诗的妙处的”？

① 本文作者杨朔。杨朔（1913—1968），山东蓬莱（今山东省烟台市蓬莱区）人，中国现代作家、散文家、小说家，与刘白羽、秦牧并称为“中国当代散文三大家”。本文节选自《杨朔散文》(人民文学出版社，2013年版)，有改动。

微阅读

长安古意[1]

长安大道连狭斜[2]，青牛白马七香车。玉辇[3]纵横过主第，金鞭络绎向侯家。
龙衔宝盖[4]承朝日，凤吐流苏带晚霞。百尺[5]游丝争绕树，一群娇鸟共啼花。
游蜂戏蝶千门[6]侧，碧树银台万种色。复道[7]交窗[8]作合欢[9]，双阙连甍[10]垂凤翼。
梁家画阁中天起，汉帝金茎云外直。楼前相望不相知，陌上相逢讵[11]相识？
借问吹箫向紫烟，曾经学舞度芳年。得成比目何辞死，愿作鸳鸯不羡仙。
比目鸳鸯真可羡，双去双来君不见。生憎帐额绣孤鸾，好取[12]门帘帖双燕。
双燕双飞绕画梁，罗帷翠被郁金香。片片行云着蝉鬓，纤纤初月上鸦黄[13]。
鸦黄粉白车中出，含娇含态情非一。妖童[14]宝马铁连钱，娼妇[15]盘龙金屈膝。
御史府中乌夜啼，廷尉门前雀欲栖。隐隐朱城临玉道，遥遥翠幰[16]没金堤。
挟弹飞鹰杜陵北，探丸借客渭桥西。俱邀侠客芙蓉剑，共宿娼家桃李蹊。
娼家日暮紫罗裙，清歌一啭口氛氲。北堂夜夜人如月，南陌朝朝骑似云。
南陌北堂连北里，五剧三条控三市。弱柳青槐拂地垂，佳气红尘暗天起。

① 本诗作者卢照邻。卢照邻（约637—约686），字昇之，号幽忧子，幽州范阳县（今河北省涿州市）人，唐朝诗人，与王勃、杨炯、骆宾王并称为“初唐四杰”。擅长诗歌骈文，诗以歌行体为最佳，著有《卢照邻集》《幽忧子集》等。《长安古意》是其代表作，也是初唐七言歌行的代表作之一。此诗托古意而写今情，展现了当时都城长安的社会生活。

② 狭斜：指小巷。

③ 玉辇：本指皇帝所乘的车，这里泛指一般豪门贵族的车。

④ 宝盖：车上的华盖。古时候车上张有圆形的伞盖，用以遮阳避雨。

⑤ 百尺：一作“百丈”。

⑥ 千门：指宫门。

⑦ 复道：又称阁道，宫苑中用木材架设在空中的通道。

⑧ 交窗：有花格图案的木窗。

⑨ 合欢：马缨花。这里指复道、交窗上的合欢花形的图案。

⑩ 甍（méng）：屋脊。

⑪ 讵（jù）：难道，岂。

⑫ 好取：愿将。

⑬ 鸦黄：嫩黄色。额上用黄色涂成弯弯的月牙形，是当时女性面部化妆的一种样式。

⑭ 妖童：泛指浮华轻薄子弟。

⑮ 娼妇：这里指上文所说的“鸦黄粉白”的豪贵之家的歌女、舞女。

⑯ 幰（xiǎn）：车的帷幔。

汉代金吾[①]千骑来，翡翠屠苏鹦鹉杯。罗襦[②]宝带为君解，燕歌赵舞[③]为君开。
别有豪华称将相，转日回天[④]不相让。意气由来排灌夫，专权判不容萧相。
专权意气本豪雄，青虬紫燕[⑤]坐春风。自言歌舞长千载，自谓骄奢凌[⑥]五公。
节物风光[⑦]不相待，桑田碧海须臾改。昔时金阶白玉堂[⑧]，即今惟见青松在。
寂寂寥寥扬子[⑨]居，年年岁岁一床书。独有南山桂花发，飞来飞去袭人裾[⑩]。

十、根据诗的内容，判断正误。

1. 初唐诗人卢照邻在《长安古意》中以四句一换景的方式更迭转换，描摹了自己幻想中长安绮丽繁华的生活。（ ）
2.《长安古意》词采华丽，但不浮艳；写法近似汉赋，对描写对象极力铺陈，写出了当时长安贵族生活的骄奢淫逸。（ ）

十一、请将诗句改写为现代汉语。

1. 长安大道连狭斜，青牛白马七香车。

____

2. 玉辇纵横过主第，金鞭络绎向侯家。

____

3. 龙衔宝盖承朝日，凤吐流苏带晚霞。

____

4. 百尺游丝争绕树，一群娇鸟共啼花。

____

① 金吾：即执金吾，汉代禁卫军官衔。唐代设左、右金吾卫，有金吾大将军。这里用来泛指禁军的军官。
② 罗襦（rú）：丝绸短衣。
③ 燕歌赵舞：战国时燕、赵二国以"多佳人"著称，歌舞最盛。这里借指美妙的歌舞。
④ 转日回天：形容权势之大，可以左右皇帝的意志。这里"天"指皇帝。
⑤ 青虬紫燕：指好马。
⑥ 凌：超过。
⑦ 节物风光：节令、时序。
⑧ 金阶白玉堂：这里指豪华的宅第。
⑨ 扬子：指的是汉代扬雄。扬雄在长安时仕宦不得意，曾闭门著《太玄》《法言》。
⑩ 裾（jū）：衣襟。

微交际

“最有吸引力城市”评选

全国的城市有很多，哪座城最有吸引力呢？请选择一座你认为最有吸引力的城市，尽可能多地收集、整理与其相关的信息，如地理概况、发展历史、城市建设、风土人情、宜居情况等，说明该城为何具有吸引力。制作成图文并茂的PPT，向全班同学介绍并展示。全班评选出“最有吸引力城市”。

微写作

爱上这座城

择一城而居，并爱上这座城，是一件非常美好的事情。

如果可以自由选择，请你选择一个自己想要定居的城市，以《爱上这座城——（城市名）》为题，如《爱上这座城——兰州》《爱上这座城——昆明》等，写一篇文章，体裁不限（诗歌除外）。要求主题鲜明，表述清晰，能够充分论述你爱上这座城市的理由。1000字左右。

第10课 旅行

旅游是传播文明、交流文化、增进友谊的桥梁，是人民生活水平提高的一个重要指标，出国旅游更为广大民众所向往。旅游是综合性产业，是拉动经济发展的重要动力。旅游是修身养性之道，中华民族自古就把旅游和读书结合在一起，崇尚“读万卷书，行万里路”。

——2013年3月22日习近平在俄罗斯“中国旅游年”开幕式上的致辞

旅行

人们总因各种各样的理由踏上旅途。就像人生是各种各样的，旅行也是各种各样的。有一种旅行，不为跋涉千里直奔目的地，只为漫无目的地闲逛，或走，或停，原则就是看心情。长期蜗居，易使我们的视野狭小，胸怀仄斜……这个时候，不妨收拾好行囊，告别亲人，踏上旅途，从日常生活的环境中脱离，从烦琐事务的约束中解放，在旅行中放飞心情、驰骋思想、享受自由、创造奇迹。

主课文

松堂游记[1]

课前提示问题：

1. 这篇游记以什么为序贯穿全文？可划分为几个阶段？

2. 白天的松堂和夜间的松堂各有什么特点？

去年夏天，我们和S君夫妇在松堂[2]住了三日。难得这三日的闲，我们约好了什么事不管，只玩儿，也带了两本书，却只是预备闲得真没办法时消消遣的。

出发的前夜，忽然雷雨大作。枕上颇为怅怅，难道天公这么不作美吗？第二天清早，一看却是个大晴天。上了车，一路树木带着宿雨，绿得发亮，地下只有一些水塘，没有一点儿尘土，行人也不多。又静，又干净。

想着到还早呢，过了红山头不远，车却停下了。两扇大红门紧闭着，门额是国立清华大学西山牧场。拍了一会儿门，没人出来，我们正在没奈何，一个过路的孩子说这门上了锁，得走旁门。旁门上挂着牌子，“内有恶犬”。小时候最怕狗，有点儿趑趄[3]。门里有人出来，保护着进去，一面吆喝着汪汪的群犬，一面只是说“不碍不碍”。

过了两道小门，真是豁然开朗，别有天地。一眼先是亭亭直上，又刚健又婀娜的白皮松。白皮松不算奇，多得好，你挤着我我挤着你也不算奇，疏得好，要像住宅的院子里，四角上各来上一棵，疏不是？谁爱看？这儿就是院子大得好，就是四方八面都来得好。中间便是松堂，原是一座石亭子改造的，这座亭子高大轩敞，对得起那四围的松树，大理石柱，大理石栏杆，都还好好

① 本文作者朱自清，本文选自《朱自清散文集》(西苑出版社，2006年版)，有改动。

② 松堂：位于北京香山。

③ 趑（zī）趄（jū）：想前进又不敢前进的样子。

的，白，滑，冷。白皮松没有多少影子，堂中明窗净几，坐下来清清楚楚觉得自己真太小，在这样高的屋顶下。树影子少，可不热，廊下端详那些松树灵秀的姿态，洁白的皮肤，隐隐的一丝儿凉意便袭上心头。

堂后一座假山，石头并不好，堆叠得还不算傻瓜。里头藏着个小洞，有神龛、石桌、石凳之类。可是外边看，不仔细看不出，得费点儿心去发现。假山上满可以爬过去，不顶容易，也不顶难。后山有座无梁殿，红墙，各色琉璃砖瓦，屋脊上三个瓶子，太阳里古艳照人。殿在半山，岿然独立，有俯视八极气象。天坛的无梁殿太小，南京灵谷寺的太黯淡，又都在平地上。山上还残留着些旧碉堡，是乾隆打金川时在西山练健锐云梯营[①]用的，在阴雨天或斜阳中看最有味。又有座白玉石牌坊，和碧云寺塔院前那一座一般，不知怎样，前年春天倒下了，看着怪不好过的。

可惜我们来得还不是时候，晚饭后在廊下黑暗里等月亮，月亮老不上，我们什么都谈，又赌背诗词，有时也沉默一会儿。黑暗也有黑暗的好处，松树的长影子阴森森的，有点儿像鬼物拿土。但是这么看的话，松堂的院子还差得远，白皮松也太秀气，我想起郭沫若[②]君《夜步十里松原》那首诗，那才够阴森森的味儿——而且得独自一个人。好了，月亮上来了，却又让云遮去了一半，老远地躲在树缝里，像个乡下姑娘，羞答答的。从前人说："千呼万唤始出来，犹抱琵琶半遮面。"[③]真有点儿！云越来越厚，由他罢，懒得去管了。可是想，若是一个秋夜，刮点儿西风也好。虽不是真松树，但那奔腾澎湃的"涛"声也该得听吧。西风自然是不会来的。临睡时，我们在堂中点上了两三支洋蜡。怯怯的焰子让大屋顶压着，喘不出气来。我们隔着烛光彼此相看，也像蒙着一层烟雾。外面是连天漫地一片黑，海似的。只有远近几声犬吠，教[④]我们知道还在人间世里。

---

① 健锐云梯营：清代禁卫军之一。训练内容以操练云梯进攻为主，也练习马步射、鸟枪、舞刀、舞鞭等。负责香山静宜园日常守卫、行宫巡逻及巡幸扈从。

② 郭沫若：1892—1978，四川乐山人，作家、历史学家、考古学家。

③ 源自白居易诗《琵琶行》。

④ 教：同"叫"。

一、根据课文内容，回答下列问题。

1. 从出发到到达目的地，作者遇到了哪些波折？对游玩之情有何影响？
2. 白皮松有何特征？“松”与“堂”有什么微妙的关系？
3. 松堂后有什么景象？作者是如何用简笔勾勒出这些景象的？
4. 请找出最后一段中使用了修辞方法表达的句子，并说明其用法与效果。

二、普通话发音朗读训练。

gān jìng	gàn jìn	zhù zhái	zǔ zhái
干净	干劲	住宅	祖宅
tíng zi	tíng zhǐ	yǐn yǐn	yīn yǐng
亭子	停止	隐隐	阴影
wū jǐ	wū jī	pái fāng	pái fàng
屋脊	乌鸡	牌坊	排放
shù fèng	shù fù	lín shuì	líng suì
树缝	束缚	临睡	零碎

huò rán kāi lǎng	bié yǒu tiān dì	sì fāng bā miàn	gāo dà xuān chǎng
豁然开朗	别有天地	四方八面	高大轩敞
míng chuāng jìng jī	kuī rán dú lì	bēn téng péng pài	lián tiān màn dì
明窗净几	岿然独立	奔腾澎湃	连天漫地

三、根据拼音写出词语，并选词填空。

pí pa（　　）　xiāo qiǎn（　　）　yāo he（　　）　kuī rán（　　）

diāo bǎo（　　）　zī jū（　　）　péng pài（　　）

1. 对国家的前途充满信心，就会精神振奋，斗志昂扬，以火一般的热情积极投入实现中华民族伟大复兴的斗争中去；缺乏信心，或者信心不足，必然精神不振，干劲不大，犹犹豫豫，__________不前，甚至离开革命的大目标，打自己的小算盘。

2. 小时候，每天清晨我都会听见巷子口的＿＿＿＿＿＿＿＿：“热白粥——卖！热白粥——卖！”声音苍老却清脆，一声起一声伏的。
3. 1400 多年来，纵使风吹雨打，战火纷飞，但它依旧＿＿＿＿＿＿＿不倒，享誉世界。它就是中国著名古桥——赵州桥。
4. 走进村子，一个个灰白色的“＿＿＿＿＿＿＿＿”散落在村庄周围的青山翠竹之间，格外突兀，这是村民们自建的蓄水池。
5. 乍一听，声音的尾声稍高，还带着点儿悲凉凄惶的感觉，可是它另有一种悠扬的韵味，我几乎立刻就辨出这是哈密特的嗓音。我咬紧嘴唇，勉强抑制住心头＿＿＿＿＿＿＿＿起伏的冲动。
6. 严肃文艺被越来越多的大众接受。因为人们在＿＿＿＿＿＿＿＿、娱乐到一定程度以后，总要寻找一种境界，寻找精神的慰藉，寻找生存的坐标。而能提供这一切，能提升大众文化品位的，只有严肃文艺。
7. 区文化宫向全区域城乡居民提供免费的传统民乐艺术培训，并已培训了超过 5 万名学员。在这个种满枇杷的地方，市民笑称自己可以“白天种枇杷，晚上弹＿＿＿＿＿＿＿＿”。

四、易混词辨析。

刚健　　刚劲

1. 作为中华文化的两个重要图腾，龙和凤从两个不同方面展现了中华文化的精神：龙代表中华民族＿＿＿＿＿＿＿＿有力、奋发进取、适变图强的一面，凤代表中华民族和美仁爱、善良喜乐、灵慧福生的一面。
2. 花样滑冰运动员时而＿＿＿＿＿＿＿＿、时而轻盈的动作和抑扬起伏的钢琴声配合得那么自然、那么和谐，顿时赢得全场观众的热烈掌声。
3. 年逾花甲的老画家精神焕发，真是“丹青不知老将至”了。他的画笔在梅林中纵横驰骋，这寒梅集＿＿＿＿＿＿＿＿、坚韧、俏丽、希望于一身。整幅作品的意境令人回味无穷。

端详　　端量

4. 在纪念馆，总书记重点参观了战前形势、战役实施等板块，他一边听讲解，一边询问有关细节，不时驻足____________、凝神思考。

5. 半路上，她发现一个身穿灰制服，头戴绿军帽的人站在水坝旁东张西望。宁彩霞把这个陌生人____________了一番，觉得他形迹可疑，于是立即警惕起来。

6. 她从衣袋中掏出照片，再三____________。在蓝天白云的映衬下，弟弟王伟显得格外英武挺拔。

黯淡　　昏暗

7. 推门进去，英子看见窗边站着一个人，室内____________的光线令他的容貌完全隐藏在黑暗中，让人无法一窥他的真面目。

8. 本赛季的全明星赛将在中国明星队和外籍明星队之间进行。值得一提的是，与上个赛季外援“星光灿烂”比起来，这个赛季的外援则显得“星光____________”。

9. 这家公司自从出售核心业务后，更名、换帅、高管离职的传闻甚嚣尘上，如今似乎前景____________。

五、给下列句子排序。

1.　　　　　　　　　　　　　　　　　　　　　　　　　　（　　）

①古籍里称之为苑、苑囿、宫苑、御苑、御园等

②皇家园林是专供帝王休息享乐的园林，属于皇帝个人和皇室所私有

③其特点是规模宏大，真山真水较多；园中建筑色彩富丽堂皇，建筑形体高大

④古人讲“普天之下莫非王土”，在统治阶级看来，国家的山河都是属于皇家的

⑤历史上著名的皇家园林有洛阳西苑、九洲池等，现存著名的皇家园林有北京的颐和园、河北承德的避暑山庄

A. ④②①③⑤　　B. ②①④③⑤

C. ②④①③⑤　　D. ④②⑤①③

2. （　　）

①旅游的品牌效应基本上反映为对城市形象的宣传与提升

②文化是一个城市发展的根基，是区别于其他城市的关键所在，是城市形象的灵魂

③城市形象是一个城市在推广自身的过程中，传递给社会大众的核心概念，期望得到社会的认知和认同，即所谓的城市知名度和美誉度

④从某种程度上讲，旅游品牌和城市形象有着共同的发展目的，旅游业可以最大化地释放一个城市的吸引力，并使游客产生感应或共鸣

⑤旅游作为一种体验性活动，能够将一个城市的文化遗存、非物质文化遗产、民俗风情转变为品牌项目，使游客感受、体验，并迅速地传播出去，形成当地的城市形象，吸引社会大众前来

A. ②⑤①③④　　B. ⑤①③②④

C. ①③②⑤④　　D. ③②⑤①④

六、课外拓展。

游记是记述游览经历的文字。很多作家都喜欢写游记，如沈从文的《西山的月》、丰子恺的《庐山游记》、丁玲的《曼哈顿街头夜景》等。找一篇你喜欢的游记，从主要内容、感情色彩、写作手法等方面与《松堂游记》进行对比分析，将总结出的游记类散文的特点写在下面，并和同学交流。

____

____

____

____

微听力

文旅融合，休闲西溪[1]

扫一扫，听录音

七、听第一遍录音，选择正确答案。

1. 郭主任认为旅行更深刻的意义所在是：（　　）
   A. 了解历史人文内涵
   B. 感受城市文化品格
   C. 体验地域和四季之美
2. 下列哪一项是洪园策划四季主题活动的元素？（　　）
   A. 节气、历史、民俗
   B. 历史、文化、音乐
   C. 节气、文化、民俗
3. “生态西溪”重在让游客感受：（　　）
   A. 生态环境的美好
   B. 历史文化的厚重
   C. 民俗艺术的美妙
4. “人文西溪”的重要活动之一是：（　　）
   A. 中国名校龙舟竞渡
   B. 清风之旅·家风文化专线
   C. “朝丝暮响”民乐昆曲音乐汇
5. 体现“艺术西溪”的火柿音乐节的特色是：（　　）
   A. 生态、人文、音乐相融合
   B. 不同风格艺术表演形式相融合
   C. 节气与文化、民俗活动相结合

① 2019 年 1 月 13 日，由新华网主办的“第六届旅游业融合与创新论坛”在北京举办。杭州西溪湿地公园（余杭）管委会办公室主任郭迎辉接受新华网专访。录音材料根据采访内容改写。题目为本书编者所加。

6. 下列哪一项是洪园今年促进文旅融合的重点项目？ （ ）

A. 清风之旅·家风文化专线

B. 洪氏家风之旅·亲子专线

C. “景秀西溪”实景演艺项目

八、听第二遍录音，回答下列问题。

1. 请简述“西溪湿地”“洪园”“洪氏”三者的关系。
2. 西溪的洪园通过哪些方式吸引游客？
3. 西溪的洪园将推出哪些推进文旅融合的新举措？
4. 你认为文旅融合具有哪些特质？你有哪些推进文旅融合的好创意？

微朗诵

我喜欢出发①

我喜欢出发。

凡是到达了的地方，都属于昨天。哪怕那山再青，那水再秀，那风再温柔。太深的流连便成了一种羁绊，绊住的不只有双脚，还有未来。

怎么能不喜欢出发呢？没见过大山的巍峨，真是遗憾；见了大山的巍峨，没见过大海的浩瀚，仍然遗憾；见了大海的浩瀚，没见过大漠的广袤，依旧遗憾；见了大漠的广袤，没见过森林的神秘，还是遗憾。世界上有不绝的风景，我有不老的心情。

我自然知道，大山有坎坷，大海有浪涛，大漠有风沙，森林有猛兽。即便这样，我依然喜欢。

打破生活的平静便是另一番景致，一种属于年轻的景致。真庆幸，我还没有老。即便真老了又怎么样？不是有句话叫老当益壮吗？

于是，我还想从大山那里学习深刻，我还想从大海那里学习勇敢，我还想从

① 本文作者汪国真。汪国真（1956—2015），生于北京，祖籍福建厦门，当代诗人、书画家。汪国真的诗积极向上、昂扬而又超脱，在20世纪90年代曾非常流行。“既然选择了远方，便只顾风雨兼程”“没有比脚更长的路，没有比人更高的山”等名句都出自汪国真的诗作。

大漠那里学习沉着，我还想从森林那里学习机敏。我想学着品味一种缤纷的人生。

人能走多远？这话不是要问两脚而是要问志向。人能攀多高？这事不是要问双手而是要问意志。于是，我想用青春的热血给自己树起一个高远的目标。不仅是为了争取一种光荣，更是为了追求一种境界。目标实现了，便是光荣；目标实现不了，人生也会因这一路风雨跋涉变得丰富而充实。在我看来，这就是不虚此生。

是的，我喜欢出发，愿你也喜欢。

九、朗诵并完成以下练习。

1. 有感情地朗诵短文，将音频分享到班级群中。
2. 作者为什么喜欢出发？请谈谈你对“出发”一词的理解。

微阅读

始得西山宴游记①

自余为僇人②，居是州③，恒惴栗④。其隙也，则施施⑤而行，漫漫而游。日与其徒⑥上高山，入深林，穷回溪，幽泉怪石，无远不到。到则披草而坐，倾壶而醉。醉则更相枕以卧，卧而梦。意有所极，梦亦同趣。觉而起，起而归；以为凡是州之山水有异态者，皆我有也，而未始知西山之怪特⑦。

今年九月二十八日，因坐法华⑧西亭⑨，望西山，始指异之⑩。遂命仆人过湘

① 本文作者柳宗元。柳宗元（773 — 819），字子厚，河东解县（今山西省运城市西南）人，唐代文学家、哲学家，唐宋八大家之一，世称“柳河东”“河东先生”，因官终于柳州刺史，又称“柳柳州”。

② 僇（lù）人：同“戮人”，受过刑辱的人，罪人。作者因永贞革新失败，被贬为永州司马，故自称僇人。

③ 是州：这个州，指永州。

④ 惴（zhuì）栗（lì）：恐惧不安。

⑤ 施（yí）施：缓慢行走的样子

⑥ 其徒：那些同伴。徒，同一类的人，指爱好游览的人。

⑦ 怪特：奇异特别。

⑧ 法华：寺名，在永州地势最高处。

⑨ 西亭：在法华寺西面，为作者所筑，他常与朋友在亭中宴游赋诗，有《永州法华寺新作西亭记》《法华寺西亭夜饮赋诗序》等记其事。

⑩ 指异之：指点西山，发现它不平常。

江，缘染溪[1]，斫[2]榛莽[3]，焚茅茷[4]，穷山之高而止。攀援而登，箕踞[5]而遨，则凡数州之土壤，皆在衽席[6]之下。其高下之势，岈[7]然洼然，若垤[8]若穴，尺寸千里，攒蹙[9]累积，莫得遁[10]隐。萦青缭白，外与天际，四望如一。然后知是山之特立，不与培塿[11]为类。悠悠乎与颢气[12]俱，而莫得其涯；洋洋乎与造物者游，而不知其所穷。引觞[13]满酌，颓然就醉，不知日之入。苍然暮色，自远而至，至无所见，而犹不欲归。心凝形释，与万化冥合。然后知吾向之未始游，游于是乎始。故为之文以志。是岁，元和四年[14]也。

十、请将古文改写为现代汉语。

1. 其隙也，则施施而行，漫漫而游。日与其徒上高山，入深林，穷回溪，幽泉怪石，无远不到。

____

____

2. 悠悠乎与颢气俱，而莫得其涯；洋洋乎与造物者游，而不知其所穷。引觞满酌，颓然就醉，不知日之入。

____

____

① 染溪：一作“冉溪”，即愚溪，潇水的一条小支流。
② 斫（zhuó）：砍伐。
③ 榛莽：杂乱丛生的荆棘灌木。
④ 茅茷（fá）：长得繁密杂乱的野草。
⑤ 箕踞：像簸箕一样蹲坐。指席地而坐，两脚伸直，形似箕斗，是一种不拘礼节的坐法。箕，簸箕。踞，蹲坐。
⑥ 衽席：坐垫、席子。
⑦ 岈（xiā）：高山深邃。
⑧ 垤（dié）：蚁封，即蚂蚁洞边的小土堆。
⑨ 蹙（cù）：紧缩。
⑩ 遁（dùn）：隐藏。
⑪ 培（pǒu）塿（lǒu）：小土山。
⑫ 颢（hào）气：浩气，指天地间的大气。
⑬ 觞（shāng）：酒杯。
⑭ 元和：唐宪宗李纯年号。元和四年，公元809年。

3. 苍然暮色，自远而至，至无所见，而犹不欲归。心凝形释，与万化冥合。然后知吾向之未始游，游于是乎始。

____

____

十一、本篇游记围绕“始得”二字，立意高，布局巧，情景交融。请结合作者柳宗元的人生经历，简述他“始游西山”的收获。

微交际

中国十大名胜古迹旅行方案

假设你有七天假期，请你从中国十大名胜古迹[①]中选择一处，简介其历史、主要特色与景观等。通过查阅资料、咨询等方式，制订一个可行的七天旅行计划，包括交通、食宿安排，具体游览路线，游览活动安排，等等。在课堂上进行展示，然后由全班投票，选出最优旅行方案。

微写作

印象最深的一次旅行

你一定也旅行过很多次吧，哪一次给你留下了深刻印象？那次旅行的风景如何？旅行中发生了什么故事？请写一篇游记。要求夹叙夹议，有真情，有观点，结构合理，语言规范。题目自拟。1000字左右。

① 中国十大名胜古迹：指1985年由《中国旅游报》发起并组织全国人民经过半年多的评比，于当年9月9日评选出的万里长城、桂林山水、北京故宫、杭州西湖、苏州园林、安徽黄山、长江三峡、台湾日月潭、承德避暑山庄、西安秦兵马俑十个风景名胜区。

部分练习答案及听力录音文本

第1课　女性的光辉

三、根据拼音写出词语，并选词填空。

跌宕　喧嚣　淬炼　慰藉　隽永　涟漪　驾驭　睿智

1. 睿智　2. 喧嚣　3. 慰藉　4. 跌宕　5. 隽永　6. 淬炼　7. 驾驭　8. 涟漪

四、易混词辨析。

赞誉　盛誉

1. 盛誉　2. 盛誉　3. 赞誉

[辨析]

“赞誉”和“盛誉”都含有“好的评价”的意思。

“赞誉”是动词，意思是称赞、赞美。例如：人们赞誉他是超人，其实他并非天生如此。

“盛誉”是名词，意思是极高的荣誉或声誉，很好的口碑，常与动词“享有”“获得”等搭配。例如：他博古通今，在文学研究界享有盛誉。

奢侈　奢靡

4. 奢侈　5. 奢靡　6. 奢侈

[辨析]

“奢侈”和“奢靡”都是形容词，都有“过分”的程度。

“奢侈”多指花费钱财过多，过分追求享受。例如：即使有了钱，也不该追求奢侈的生活。

“奢靡”意指铺张浪费，挥霍无度，常用于形容生活方式或社会风气。例如：古代有些王侯将相过着奢靡的生活，而全然不顾百姓的疾苦。

明媚　明亮

7. 明媚　8. 明媚　9. 明亮

[辨析]

“明媚”和“明亮”都是形容词，都含有“光亮”的意思。

“明亮”多形容光线充足。例如：拉开窗帘，屋里就会明亮一些。

“明媚”主要形容景物鲜明可爱，明亮中带有妩媚。例如：在阳光明媚的日子里，当大部分蜜蜂都“外出工作”时，养蜂人就要整理蜂房了。

五、给下列句子排序。

1. B　2. D

七、听第一遍录音，选择正确答案。

1. B　2. B　3. C　4. A　5. C

八、听第二遍录音，判断正误。

1. ×　2. ×　3. ×　4. √

十、请将古文改写为现代汉语。

1. 孟母说："这不是我该带着孩子居住的地方。" 于是离开，搬到集市旁边住。

2. 他（孟子）又学着玩儿起商贩夸口叫卖那一套。

3. 等到孟子长大成人，学精六艺，终于成为儒学圣贤。君子贤人都说孟母善于利用环境渐染教化孩子。

十一、请用现代汉语完整地讲述《孟母三迁》的故事。

孟子的母亲，人称孟母。当初她的家靠近墓地，因此孟子小时候玩儿的都是下葬哭丧一类的游戏，还喜欢学造墓埋坟。孟母看见后，说道："这不是我该带着孩子居住的地方。" 于是离开，搬到集市旁边住。孟子又学着玩儿起商贩夸口叫卖那一套。孟母又说道："这也不是我该带着孩子居住的地方。" 于是又将家搬到了一个学府的旁边。这时，孟子玩儿的就是模仿学习祭祀礼仪、作揖逊让、进退法度这类仪礼方面的内容了。孟母说："这才真正是该让我孩子居住的地方。" 于是他们就一直住在那里。等到孟子长大成人，学精六艺，终于成为儒学圣贤。君子贤人都说孟母善于利用环境渐染教化孩子。

听力录音文本

永远的"铁榔头"

2016 年 8 月 21 日，举国振奋。中国女排姑娘们在巴西里约又一次站上了奥运会的最高领奖台，她们再一次唤起了国人对于女排精神的集体共鸣。这次夺冠距离上次已时隔十二年。在好成绩的背后，有一个中国人都熟悉的名字——郎平，她时任中国女排主教练。她是中国体育界年轻人和中老年人共同的跨越时代的偶像。今天我们有幸请到郎平教练接受我们的采访。

记者：当听到女排夺冠时，您感动得流泪了吗？

郎平：好像也没有眼泪了。我到最后已经欲哭无泪了。终于比完了，这块石头放下了。

记者：我们都知道您经验很丰富。您自己有当队员的经验，也有常年执教的经验，您和女排姑娘们很默契。比如朱婷在里约打四分之一决赛的时候，压力特别大，自始至终您都特别能理解她。

郎平：对，因为朱婷是主攻手，我也做过主攻手。大家都说“铁榔头”“铁榔头”，但其实作为一个主要得分手，主攻手的压力是很大的。那个时候我只能给朱婷更多的鼓舞。还不只是对她，我对我们所有的队员都说，上去以后别怕输，你也别想输的事，我是来干吗的？我是来赢的！

记者：听说女排的姑娘们每天中午都是最晚去食堂吃饭的。为了等你们队的姑娘们，食堂大师傅经常趴在桌上等，等着等着就快睡着了。

郎平：我们平时训练是很艰苦、很枯燥的。这还不是一天，是每一天都这样。练扣球的一个斜线——斜线还分很多种呢，只练其中的一种——可能就得扣两三个小时。我们一般是早上八点半开始训练，一直到中午一点或者一点半。

记者：运动员的作息已经是这样了，教练是不是比运动员工作的时间更长呢？

郎平：是这样。教练一定要提炼精华，然后给队员们一个最简短的、最明确的方案，指导怎么去打。这就跟老师要备课是一样的，要写出作战方案。不能你看比赛的过程，让队员也去看，因为时间太长了。

记者：您去年在奥运会期间吃方便面的视频在网上传得特别火。那么晚了，您怎么吃起方便面了呢？

郎平：因为没办法，人用脑子的时候是很饿的。我们要打的对手打完比赛以后，我们的录像师从比赛现场回来后马上处理录像，然后我就要等到凌晨十二点到一点。我要马上看录像，看完以后我要出方案。

记者：就在女排夺冠的那一刻，就是姑娘们站上领奖台的那一刻，您想到三十二年前的自己了吗？

郎平：当时颁奖还不让我们教练在场，让我们在观众席上，我觉得特失落。我现在基本上给我自己以前的历史做一个屏蔽，我现在是教练，教练是没有奖牌的。但我看我们的队员一个个的特漂亮，在那儿唱国歌，我们也跟着唱国歌。

记者：那是一个令人难忘的时代，我这里有 1986 年出版的郎指导的日记和书信。其中一篇记录的就是1984年奥运会夺冠的那一天，是这样写的："1984年8月8日，胜利了！胜利了！是梦，这是梦吗？我只感到我们场上的六个人是那样和谐、默契，那只球是那样听话，任我们随心所欲。站在球场上的中国队告诉人们，她们无所畏惧。"回想一下，那个时候夺冠更艰难。无论从国力来看，还是从整个女排的身体素质来看，我们跟美国、巴西比，差一大截。

郎平：那会儿我们身高确实都挺矮的。我是一米八四，现在在中国女排都找不到位置了。但是那会儿美国、古巴、苏联——我们那会儿还叫"苏联"呢——那些欧洲队，都是那种又壮又高的，所以我们就请了一些男陪练。他们打球力量大、速度快。我记得有一次，我们有个陪练站在高台上打，我们前排拦网判断错了，一下子给闪开了，这球"啪"就糊我脸上了。我当时就觉得，不是疼啊，是觉得脸都爆了。后来她们看我，我连瞳孔都放大了，脑震荡。现在我记忆力不好，可能就跟那个球有关系。

记者：当时你们每天的训练量是怎样的？有没有很精确的量？

郎平：有。我们每天防守就要练大概两个小时。更可怕的是，除了防守还有一系列的扣球。我现在想起来都出汗。我还每天加班。加班就是所有队员给你捡球，教练一对一防守。每天除了这么高强度的训练之外，我还要"吃小灶"，就是极限防守。有一次是早上八点开始练的，一直扣到下午三点，七个小时。第二天我的腿全肿了。我觉得教练就是折磨你，就是让你在特别困难、特别不顺的时候，平复情绪，保持斗志。

记者：现在再回过头来看那段青春岁月，您有什么感受呢？

郎平：我觉得我特别幸运。我最大的感受是还好我打排球了，不然就没有这么幸运了。我能够在女排这个集体，遇到这么好的教练、这么好的队友，在女排最辉煌的时候，我参与了，而且我还是一个主力队员，我特别幸运。

第2课　诚信

三、根据拼音写出词语，并选词填空。

恪守　卑微　备受　儒家　更迭　崇尚　祸患

1. 卑微　2. 崇尚　3. 儒家　4. 备受　5. 祸患　6. 恪守　7. 更迭

四、易混词辨析。

分辨　分辩

1. 分辨　2. 分辩　3. 分辨

［辨析］

“分辨”和“分辩”都是动词，在字形上非常相似，容易混淆。

“分辨”的意思是辨别，区分，对事物或人进行甄别、辨认，做出判断。例如：这对双胞胎，我分辨不出来谁是老大，谁是老二。“分辨”的近义词是“辨识”“辨别”。

“分辩”的意思是解释，辩白，主要通过语言对某种误解或指责进行申辩、解释。例如：让他们说去吧，我不想分辩。“分辩”的近义词是“辩解”“辩白”。

规则　规范

4. 规范　5. 规则　6. 规范

［辨析］

“规则”和“规范”都可以做名词和形容词。做名词时，都有“大家遵守的标准”的意思。

“规则”做名词时，指规定的、供大家共同遵守的制度或章程，有一定的可变性，内容一般比较具体，如“交通规则”“评分规则”“管理规则”；“规则”做形容词时，指某物在形状、结构、分布上符合一定的规律或方式，如“不规则图形”“摆放得很规则”。

“规范”做名词时，指约定俗成或明文规定的标准，有一定的倡导性和强制性，内容可以非常概括，也可以非常具体，如“道德规范”“行为规范”；“规范”做形容词时，指某一行为或事件与规定的标准是一致的，如“规范动作”“用法不规范”。

融通　融合

7. 融通　8. 融通　9. 融合

［辨析］

“融通”和“融合”都是动词，都有“不同事物相互联系、交流”的意思。

“融通”指融会贯通，可以是资金流动，如“融通资金”等；也可以是感情上的交流沟通，如“融通感情”等。

“融合”指相互渗透，合为一体，如“融合中西方绘画技法”“军民融合”。“融合”侧重于表达不同事物交融为一个整体，“融通”没有这个意思。

五、给下列句子排序。

1. C　　2. D

七、听第一遍录音，选择正确答案。

1. B　　2. C　　3. A　　4. B　　5. A　　6. B

十、请将古文改写为现代汉语。

1. 晏殊一见到试题，就说："臣十天前已写过这个题目的赋了，有草稿还在，请另外命题。"皇帝非常喜欢他的坦诚。

2. 最近听说馆阁大臣们都嬉游宴饮，一天到晚沉醉其中，只有晏殊与兄弟闭门读书。这么谨慎忠厚的人，正可教习太子读书。

3. 皇上因此更欣赏他的诚实、懂得侍奉君王的规矩，（对他的）眷顾一天天加深。

听力录音文本

诚信制度建设势在必行

诚信建设应当德、法并重。建设诚信社会，除了要加强道德建设，还应把制度建设视为重中之重。中国社会科学院当代中国研究所主任宋月红研究员提出，制度建设就是营造人人遵循诚信原则的大环境，让诚信者享有尊严，让失信者受到谴责。今天我们请到了宋月红主任，请他谈一谈诚信建设的制度化问题。

记　者：宋主任，您好。目前，人们越来越重视诚信建设的制度化问题。作为研究当代中国问题的专家，您能否解读一下诚信制度建设的必要性？

宋月红：好的。在人类社会发展中，制度具有根本性、稳定性和长期性的特点。诚信作为社会道德，来源于历史传承和文化积淀，但也需要自律养成、他律约束。我们要对诚信礼赞，对失信惩戒。树立并坚守诚信，文明素养是基础，制度是保障。制度建设的目的是为社会提供讲诚信的依据，通过制度正义促进诚信的普遍化和大众化，并使诚信成为人们普遍信奉和遵守的行为规范，使人们养成以诚信为基础的社会生活习惯与方式，让诚信者在社会中享有应有的尊严、荣誉和地位。同时，惩戒失信，使失信者在社会中没有市场——不仅受到社会的道德谴责，而且要为失信行为付出应有的代价。诚信制度建设将褒奖和惩戒相结合，这样才能建设一个人人讲诚信、守诚信的诚信社会。

记　者：那么，制度化应当从哪几方面着手呢？

宋月红：诚信制度建设，除与其相适应的配套制度建设外，关键在于诚信自身的制度建设。其中，既要加强普遍意义的通用性制度建设，又要根据各类情况的特殊性，有针对性地分类实施。诚信制度建设，要贯彻法治的思维与理念，纳入中国特色社会主义法律体系，形成依法治国和社会治理的重要支柱。在诚信制度建设中，要统筹社会整体利益与各方面利益的关系，形成政府主导、社会广泛参与的格局。这样的制度建设方向明确，社会基础深厚，形成的制度有利于社会自觉而广泛地遵守，从而激发社会各方面的生机与活力。

记　者：诚信作为一种规范，蕴含于行为的各方面，因此，诚信制度建设也要贯穿于行为的全过程。

宋月红：是的，所以诚信制度必然具有广泛性。我认为，诚信制度建设要构建三个体系：一是诚信标准和评价体系，二是诚信管理与防范体系，三是失信惩戒体系。更具体地说，在中国特色社会主义市场经济条件下，要大力倡导和实施市场诚信体系建设，树立诚信至上的市场行为原则，并将之放在更加突出的位置，贯穿于市场准入、市场交易和市场退出等各环节，从而对社会起到示范和带动作用。在信息化条件下，应着重构建以信息共享、互联互通为重点，覆盖全社会的征信系统，将诚信置于社会参与和监督之中，使每个社会个体、社会组织和市场主体，既是诚信管理的对象，又是诚信管理的主体。在推进国家治理体系和治理能力现代化的过程中，应把诚信制度建设摆在基础性和战略性地位。诚信治理是基石，没有诚信的社会治理是缺乏生命力和持续发展能力的。而且，诚信治理将为社会治理注入生机与动力。创新和发展社会治理，要坚守以诚信为基础，不断建立健全诚信治理的社会治理结构。

记　者：从当下的社会状况来看，诚信建设的制度化面临一定的困境。

宋月红：的确。现阶段，诚信制度建设面临的困境，一方面是来自社会的，主要是一些低俗、丑恶的社会现象还有市场，失信得不到应有的惩戒，从而误导人们的行为，干扰甚至破坏人们的道德标准和思想认知；另一方面是来自制度的，一些规范的社会公信力不强、执行力不足、失信惩戒代价低，有的对一部分人具有约束力，而对另外一部分人则不发生作用，导致制度约束和执行的不平衡性，从而产生一种社会心理失衡现象和不平等感。

记　者：这些困境表明了制度建设的不完善。那么，您认为目前最需要做的是什么呢？

宋月红：诚信制度建设，首要的工作是大力推进和谐社会建设，在全社会形成诚信光荣、失信可耻的社会生活局面和舆论氛围；同时，依法惩治社会丑恶现象、道德败坏和腐败行为，始终高扬平等、团结、互助、和谐的社会发展主旋律，大力倡导和实现社会公平与正义，不断发扬光大诚信道德风尚。

记　者：从根本上来说，诚信是道德问题、文化问题，诚信的制度化建设应当以培育诚信文化为根本。对此，您是什么观点？要怎样在制度建设的过程中注入文化内涵呢？

宋月红：诚信是道德的，具体表现为人们的行为准则与规范。它具有道德基础、文化内涵和文明进步意义，在此基础上形成适应并满足时代需要的社会治理制度和文化风尚。因此，诚信既需要社会的不断进步、制度的保障，也需要文化的自觉。当诚信形成一种文化或稳定地融入社会文化体系之中后，它在社会中将更加广泛，发展程度也会更高。因此，我认为，解决诚信危机是一个社会系统工作，既需要广泛地提高社会道德水平，也需要通过制度的约束和引导，使各种社会行为以诚信为基础，还需要文化的熏陶与推动。诚信制度建设要以诚信文化为制度理念，融入文化建设的过程之中。一方面，把诚信融入国民教育、社会教育之中，使诚信在世界观、人生观和价值观的形成与发展中发挥更多的作用；另一方面，把诚信融入文化产业和文化产品之中，向社会、向消费者传递正确的行为规范和导向，倡导诚信道德，维护和保障诚信正义。

第3课　友善

三、根据拼音写出词语，并选词填空。

氛围　阐释　称颂　构建　融洽　伦理

1. 伦理　2. 阐释　3. 构建　4. 称颂　5. 融洽　6. 氛围

四、易混词辨析。

蕴含　包含

1. 包含　2. 蕴含　3. 蕴含

［辨析］

“蕴含”和“包含”均为动词，都有“里面含有”的意思。

“蕴含”多指含有深藏于内、不易被人发现的内容，含有的多是美好的、积极的内容。例如：这首诗蕴含着古人的处世智慧。

“包含”多指客观上含有，对含有的内容在情感上没有明显倾向。例如：这次的旅游团费包含保险费吗？

显著　明显

4. 明显 / 显著　5. 显著　6. 明显

［辨析］

“显著”和“明显”都是形容词，都有“显而易见”的意思。

“明显”指清楚地显露出来，容易让人看出或感觉到，侧重比较具体、直观、清楚地显露。例如：在蓝天的映衬下，山峰的轮廓极为明显。

而“显著”表示的程度更高，强调鲜明、突出、影响力大。常和“效果”“成就”“意义”等词语搭配。例如：改革开放以来，我国的经济社会发展取得了显著成就。

融洽　融合

7. 融合　8. 融洽　9. 融合

［辨析］

“融洽”和“融合”含有相同的语素“融”，但是词性和意义有差别。

“融洽”是形容词，指的是彼此感情好，没有抵触。例如：在同学聚会上，老同学们谈笑风生，气氛非常融洽。

“融合”是动词，指的是几种不同的事物合成一体。例如：这项创新技术的关键在于把新数据和旧数据融合在一起，形成了完美的数据链。

五、给下列句子排序。

1. D　2. A

七、听第一遍录音，选择正确答案。

1. A　2. B　3. C　4. C

十、请将古文改写为现代汉语。

1. 赵宣孟下车，自己含着食物喂给他吃，……

2. 既羞于向人乞讨，又厌恶窃取食物，所以才饿到这种地步。

3. 以前我吃到美味的食物，我家有老母亲，都会留给她吃。

4. 对别人多做好事，一定有好报；和别人结怨，一定有灾祸。内心怎么样，表现在外面的就怎么样，这都不能不注意，这就是《尚书》上所说的德无小事。

5.《诗经》上说："勇武的武士，正是公侯的保卫者。""有那么多的贤士，文王的天下才能够太平。"

听力录音文本

说友善

主持人：我们每个人都希望生活在一个美好、真诚、充满温情的环境中，而这样的环境需要通过人们的道德规范和理性心态来构建。社会主义核心价值观将"友善"作为对个人层面价值要求的关键词之一，毫无疑问有着重要的现实意义和深远的历史意义。刘教授，您是社会学专家，请问，我们怎么来理解友善？什么是友善呢？

刘教授：我认为，社会主义核心价值观倡导的友善，是对人类以往友善理念的继承和发展，是中华民族的传统美德，也是社会主义条件下处理人际关系的基本价值准则。从字面意义上来理解，友善就是与人为善，像对待朋友那样对待他人、社会和自然，体现在生活中的方方面面。比如：在工作和生活中先人后己，保持谦虚低调；面对道德高尚、品质优秀的人，虚心学习；面对他人的过失、缺点，设身处地给予体谅和包容，诚心诚意进行提醒和帮助；在他人有困难时，及时解急救难、雪中送炭；等等。

主持人：刚刚您提到，友善是中华民族的传统美德，请问，它有着怎样的历史渊源？作为社会主义核心价值观的关键词之一，"友善"二字又具有怎样的特定内涵？对其深入理解可以有哪些维度呢？

刘教授：我们中国是一个以道德伦理立基的国家，有许多传统美德都是从古到今、一以贯之的。友善亦不例外。所谓友善，简单地说就是对别人友好、与人为善。对其理解，可以分如下几个层次：最起码的要求是，人与人之间不要相互伤害，“己所不欲，勿施于人”；再进一步是，“己欲立而立人，己欲达而达人”，除了成就自己，也希望别人能够有所成就；更高的层面就是，不仅能够和他人合作，同时也可以实现快乐和利益共享、痛苦和责任共担，甚至达到荣辱与共、生死与共的高尚境界。

主持人：将“友善”作为个人层面的社会主义核心价值观的关键词之一，反映了我们社会怎样的价值取向呢？

刘教授：我认为啊，作为个人层面的核心价值观之一，友善是一种不可或缺的道德品质，是人对人的一种道德伦理态度，反映的实际上是一种人际伦理取向，要求人与人之间友善相待，也就是拥有一种人际关系的和谐。友善还是一种良好的心理品质，从中华民族优秀传统美德中绵延生长而来，是人性中友好和善良的心理品质的结合，它反映的是友好和谐、积极向善的社会价值取向。友善具有三个基础功能：首先是社会功能，是社会发展与民族统一的稳定基础；其次是人际功能，是社会联结与民众交往的信任基础；第三是个体功能，是身心健康以及不断成长的心理基础。尽管我们觉着“友善”这个词非常普通，似乎常常能够听到，但上到国家稳定、民族团结，下到社会和谐、个体相处，它都在发挥着不可替代的积极作用。

主持人：那么怎么理解友善在现代社会中的意义呢？

刘教授：现代社会与传统社会不同，它是市场经济主导的商业化社会，有两个基本特点：一是开放，二是高度竞争与合作。在这样的社会之中，无论你个人能力有多强，在大多数情况下都必须与他人合作。那么，要使合作更加紧密有效，就需要合作双方或多方不仅有良好的合作愿望，还要有良好的合作态度。此时，人与人之间能否友善相待、友善合作就变得非常重要。也可以说，友善是每一个现代人顺利进入公共社会，成功地与别人打交道、开展社会合作的一个基本道德前提或伦理条件，是现代公民不可或缺的道德品质。

第4课　汉字与书法

三、根据拼音写出词语，并选词填空。

新奇　鉴定　接触　轰动　发掘　迁徙　编著　消亡

1. 发掘　2. 接触　3. 编著　4. 新奇　5. 轰动　6. 鉴定　7. 消亡　8. 迁徙

四、易混词辨析。

收买　收购

1. 收买　2. 收购　3. 收买

［辨析］

“收买”和“收购”都是动词，基本意思都是“购买，从各处买进”。

“收买”常指较少量地买进。例如：这个网站专门收买二手的专业书，你要找的这本绝版书说不定这个网站上有。“收买”还可以表示用金钱、贵重物品或其他好处笼络、贿赂某人，使受利用。例如：她常以小恩小惠收买人心。

“收购”相较“收买”稍有术语、书面语色彩，常表示“大量地收集购买”，收购者可以是国家、政府机构。例如：今年小麦普遍质优价高，夏粮收购工作正在稳步进行。另外，“收购”没有笼络、贿赂某人的意思。

崇尚　崇拜

4. 崇拜　5. 崇尚　6. 崇尚

［辨析］

“崇尚”和“崇拜”都是动词，都表示尊重、推崇、追求。

“崇尚”更强调推崇，对象一般是某种观念或风俗习惯。例如：崇尚节俭、反对浪费已经蔚然成风。

“崇拜”强调尊敬、钦佩、追求，对象常为人。例如：我特别崇拜这种学习好又多才多艺的同学。

记录　记载

7. 记录　8. 记录　9. 记载

［辨析］

“记录”和“记载”都有动词词性，都表示把事情记下来、写下来。

“记录”可用于当场原原本本地记，记录工具不限于文字，还可以是仪器等。例如：我来说，你来记录一下。“记录”还有名词词性。例如：为了弄清事情的真相，我们研究了所有影像记录。

“记载”泛指把材料记下来，一般不是当场原原本本地记，记载的工具一般是文字。例如：据文献记载，春秋时期的齐国已经有了冶铁技术。“记载”只有动词词性。

五、给下列句子排序。

1. B　2. D

七、听第一遍录音，判断正误。

1. √　2. √　3. ×　4. ×　5. √　6. ×

十、根据文章内容，判断正误。

1. ×　2. √　3. ×　4. ×　5. ×　6. √

听力录音文本

书法是最优美、最便利的娱乐工具

凡人必定要有娱乐。在正当的工作及研究学问以外，换一换空气，找点儿娱乐品，精神才提得起来。假使全是义务工作，生活一定枯燥无味、令人厌烦。有一两样或者两三样娱乐品调剂一下，生活就有趣味多了。

娱乐的工具很多，譬如喝酒、打牌、下棋、唱歌、听戏、弹琴、绘画、吟诗，都是娱乐，各有各的好处。但是要在各种娱乐之中，选择一种最优美、最便利的娱乐工具，我的意见——亦许是偏见——以为要算写字。写字有好几种优美便利处。

一、可以独乐。

一人不饮酒，二人不打牌。唱歌听戏，要聚合多人才有意思。就是下棋，最少也要两个人，单有一个人，那是乐不成的。唯有写字，不管人多人少，同乐亦可，独乐亦可，最为便利，不必一定要有同伴。

二、不择时，不择地。

打球必定要球场，听戏必定要戏园，而且要天气好，又要有一定的时候。其他各种娱乐皆然，多少总有点儿限制。唯有写字，不择时候，不择地方。早上可以，晚上亦可以；户内可以，户外亦可以。只需桌子、笔、墨，随时随地可以娱乐，非常自由。

三、费钱不多。

奏音乐要买钢琴，要买小提琴，价钱都很贵，一般人都不愿买。唯有写字，不需设备，有相当的纸、墨、笔就可以。墨、笔最贵的不过一两元钱，写得好，可以写几个月；纸更便宜，几角钱可以买许多。无论多穷，亦玩儿得起。

四、费时间不多。

打牌、绘画都很费时间。牌除非不打，一打起码四圈，有时打到整天整夜；绘画画得好，要五日一山，十日一水。唯有写字，一两个小时可以，一二十分钟亦可以。有机会，有功夫，提笔就写，不费多少时间。

五、费精神不多。

作诗固然快乐，但是很费脑力。如古人所谓“吟成五个字，捻断数根须”，非呕心沥血，不易作好。下棋亦然。古人常说“长日惟消一局棋”①，你想那是何等地费事。唯有写字，在用心不用心之间，脑筋并不劳碌。

六、成功容易而有比较。

学画很难学会，成为一个画家，尤为难上加难。唱歌比较容易一点儿，但是进步与否，无法比较，昨日的声音，今日追不回来。唯有写字，每天几页，有成绩可见，上月可以同下月比较，十年之前可以同十年之后比较，随时进步，自然随时快乐。

七、收摄身心。

每天有许多工作，或劳心，或劳力，做完以后，心力交瘁，精神游移，身体亦异常疲倦。唯有写字，在注意不注意之间，略为写几页，收摄精神，到一个静穆境界，身心自然觉得安泰舒畅。所以要想收摄身心，写字是一个最好的法子。

依我看来，写字虽不是第一项的娱乐，然不失为第一等的娱乐。写字的性质是静的，不是动的，与打球、唱歌不同。喜欢静的人，觉得兴味浓深；喜欢动的人，亦应当拿来调剂一下。起初虽快乐略小，往后一天天的快乐就大起来了。

以写字作为娱乐的工具，有这么许多好处，所以中国先辈，凡有高尚人格的人，大半都喜欢写字。如曾文正②、李文忠③，差不多每天都写，虽当军书旁午④，亦不间断。曾文正无论公务如何忙碌，每一兴到，非写不可。李文忠事事学曾，旁的赶他不上，而规定时刻，日常写字，同曾一样。这种娱乐又优美又便利，要我来讲，不由我不高兴。

① 出自《全唐诗》中唐代诗人李远的残句。这两句为：“青山不厌三杯酒，长日惟消一局棋。”意为“找一个清幽宁静的地方喝喝酒，下一局棋，日子也就这么过去了”。

② 曾文正：指曾国藩（1811—1872），清末洋务派和湘军首领。

③ 李文忠：指李鸿章（1832—1901），清末洋务派和淮军首领。

④ 军书旁午：形容军事繁忙。军书，军队中来往的公文。旁午，交错、纷繁的意思。

第5课　非物质文化遗产

三、根据拼音写出词语，并选词填空。

物候　绵延　赐予　惊蛰　承载　弘扬　缔造　蕴含

1. 赐予　2. 惊蛰　3. 绵延　4. 承载　5. 物候　6. 弘扬　7. 缔造　8. 蕴含

四、易混词辨析。

充满　充斥

1. 充满　2. 充斥　3. 充满

[辨析]

“充满”和“充斥”都是动词，都含有“满”的基本意义。

“充满”泛指“填满”或者“充分具有”，宾语可以是具体事物，也可以是抽象事物，如“充满凉爽之气”“充满幸福的笑声”“充满丰富的想象力”。例如：晚会十分成功，整个会场充满了欢呼声。

“充斥”所表示的“充满、塞满”含贬义，常有厌恶、令人不快等感情色彩。例如：我们不能让低劣的商品充斥市场。

缔造　创造

4. 创造　5. 创造　6. 缔造

[辨析]

“缔造”和“创造”都是动词，都有“从无到有地建立”的意思。

“缔造”多指创立、建立伟大的事业。例如：全世界人民携起手来，共同缔造和平与繁荣的新世纪。

“创造”是指想出新方法、建立新理论、做出新成绩或东西，强调产生以前没有的事物。例如：劳动人民在实践中创造了这种新方法。

五、给下列句子排序。

1. B　2. C

七、听第一遍录音，选择正确答案。

1. A　2. A　3. C　4. C　5. B　6. C

十、请将古文改写为现代汉语。

1. 正赶上有户人家宴请宾客，在大厅的东北角，安放了一座八尺高的屏风，表演口技的艺人坐在屏风里面，里面只放了一张桌子、一把椅子、一把扇子、一块醒木罢了。

2. 其中夹杂着噼里啪啦，房屋倒塌的声音，烈火燃烧物品爆裂的声音，呼呼的风声，千百种声音一齐发出；又夹杂着成百上千人求救的声音，众人拉塌燃烧着的房屋时一齐用力的呼喊声，抢救东西的声音，泼水救火的声音。凡是在这种情况下应该有的声音，没有一样没有的。

听力录音文本

听水袖翩然里的六百年时光

昆曲生于南方，长于南方，浸润在江南的氤氲水汽和吴侬软语中。昆曲从“皮相”至“骨相”都是满当当的江南风情。白先勇先生曾说过：“昆曲无他，得一‘美’字。”从白先生的评价中我们可感知，昆曲无疑是美的，它美于情真，美于意切，美于词的绮丽，美于曲的婉转，美于妆的华美，美于舞的娇柔，美得好似一场梦。一出昆曲，是一场隔世的幻梦。寻梦昆曲，亦是寻梦中国。

昆曲剧本，又名传奇，传何者之奇？无非生死、家国、爱恋、别离，无非忠臣节士、征夫游子、怨妇痴男，无非春花秋月、雨丝风片，此等内容多为古代诗歌、史传、小说中所常见。昆曲以古典文学语言入戏，昆曲曲词是几千年来中国古典文学中诗、词、曲、文诸种文体高度锤炼、深厚积累的成果。

明代戏剧家江苏昆山人梁辰鱼是第一个将唱曲的昆腔用于唱戏的文人。他编写了第一部用昆腔演唱的传奇剧本《浣纱记》，拉开了此后六百多年昆曲享誉天下的序幕。《浣纱记》对昆曲的重要性，不仅在于这是第一部成功的可用昆曲演唱的剧本，更在于它的文学体裁不是杂剧而是南戏传奇。《浣纱记》的上演扩大了昆曲的影响。这之后，明清文人竞相投入昆曲的创作中，将自我的审美投注于日常生活之上，用烟波画船、舞榭歌台、羌笛弦管、衣香鬓影构筑起艺术的乌托邦。

明万历之前至清嘉庆初年间，是昆曲声名最辉煌、成就最显著的阶段。汤显祖的“临川四梦”——《牡丹亭》《南柯记》《邯郸记》《紫钗记》以及洪昇的《长生殿》、孔尚任的《桃花扇》一时风靡天下，昆曲达到了鼎盛时期。

在浮云般的功名之外，文人在昆曲里展示了自己的才学，也找到了属于自己的闲适。所以，昆曲不仅仅是一个地方剧种，也不仅仅是一种娱乐方式，它和唐诗宋词一样，成为文人审美的品格。

18世纪后期，徽班进京，京剧横空出世，地方戏开始兴起。它们的出现打破了长期以来形成的演出格局，戏曲的发展也由贵族化向大众化过渡。昆曲至此开始走下坡路，“百戏之祖”的昆曲逐渐不再独领风骚。

民国初年，昆曲几乎消失于中国舞台。幸亏有心人士在苏州成立了“昆曲传习所”，训练出一批“传”字辈的优秀演员，这些演员日后成为20世纪昆曲薪火相传的旗手。不过，到20世纪中叶，昆曲败落之势更显，许多昆曲艺人转行表演京剧。甚至一些剧院的海报上，特意标注“今日演出无昆曲”来招徕观众。当京剧开始引领中国戏曲潮流后，昆曲曾经的兴盛开始成为记忆，远离了人们的视线，像梦一样渐渐远去……

2001年5月18日，昆曲入选联合国教科文组织在巴黎宣布的第一批人类口头和非物质遗产代表作名录，曾经如入梦境的昆曲苏醒过来。

欣赏昆曲，除了沉醉于台上一片钗光鬓影、水袖翩然、书生的温文尔雅、佳人的弱柳身姿外，你能领悟到更多：一个娇弱的歌妓心中回响着一曲铮铮正义之音，一个落魄的穷酸书生背后是一个万马齐喑的年代，一群士绅子弟行酒饮觞的周围是一个王朝的靡靡之音，一个歌舞升平的朝代的潜台词是：“分久必合，合久必分。”

一曲作罢，好奇怪：你明明只是一个台下听客，却分不清这场爱恨情仇是谁的。是唐明皇的，还是你的？这唱词你虽然不悟，但是这曲调戛然而止之时，你还是莫名流下了前世的泪。

第6课 中医中药

三、根据拼音写出词语，并选词填空。

渗透　祛邪　致病　精髓　奠定　瘟疫　脾胃

1. 精髓　2. 渗透　3. 祛邪　4. 瘟疫　5. 奠定　6. 脾胃　7. 致病

四、易混词辨析。

维护　保护

1. 维护　2. 保护　3. 维护

[辨析]

"维护"和"保护"都是动词，都有"使不受破坏"的意思。

"维护"后的宾语一般是抽象的名词，除了有"保护"的意思外，还有"继续保持、存在下去"的意思，如"维护团结""维护人民的利益""维护交通秩序"等。

"保护"后的宾语一般是具体的名词，如"保护儿童""保护眼睛""保护森林""保护动物"等。

编纂　编写

4. 编纂　5. 编纂　6. 编写

[辨析]

"编纂"和"编写"都是动词，都有"整理材料"的意思。

"编纂"的对象一般都是资料较多、篇幅较大的著作，如"编纂词典""编纂百科全书"等。

"编写"是指将现有材料加以整理，写成书或文章等，强调写的动作，如"编写教材"。也指创作，如"编写剧本""编写程序"等。

交融　交汇

7. 交汇　8. 交融　9. 交融

[辨析]

"交融"和"交汇"都是动词，都有"融合、聚合到一起"的意思。

"交融"强调不同的事物融合在一起成为和谐的整体，常指不同思想、文化的交流与融合，如"水乳交融""文化交融"。

"交汇"强调的是不同的具体事物聚集到一起，常指水流、气流汇合到一起。例如：两条小溪在村旁交汇。

五、给下列句子排序。

1. C　2. A

七、听第一遍录音，选择正确答案。

1. C　2. B　3. A　4. B　5. C　6. C

八、听第二遍录音，填写表格。

中医在疾病各阶段发挥的作用

治疗阶段	作用
养生保健治未病	主导作用
重大疾病治疗	协同作用
疾病康复	核心作用

中西医各自的优势

疾病类型	中西医优势比较
消化系统的疾病	中医 效果好
老年疾病	中医 效果好
妇科疾病	中医 效果好
外科疾病	西医 效果好
重症急症	西医 效果好
慢性疾病	中西医结合 效果好
肿瘤	中西医结合 效果好

十、请将古文改写为现代汉语。

1. 一个德艺兼优的医生应思想纯净，知我内省，看起来庄重而令人信服，气度宽宏，堂堂正正，不卑不亢。诊察疾病，专心致志，详细了解病状脉候，一丝一毫不得有误，开处方和用针，不能有差错，……

2. 还有到了病人家里，即使满目都是华丽的铺设，也不要左顾右盼，东张西望；琴瑟箫管之声充斥耳边，不能为之分心而有所喜乐；美味佳肴，轮流进献，吃起来也像没有味道一样；各种美酒一并陈设出来，看见了就像没看见一样。

3. 做医生的准则应该是慎于言辞，不能随意跟别人开玩笑，不大声喧哗，搬弄口舌，谈说别人的短处，炫耀自己的名声，诽谤攻击其他医生，借以夸耀自己的功德，……

听力录音文本

中医献力“健康中国”

记　者：张院士您好，非常感谢您接受我们的采访。您是中国工程院院士、医药卫生学部主任，您怎么看待中医在“健康中国”建设中所发挥的作用呢？

张院士：《“健康中国2030”规划纲要》当中明确说明，中医要在“健康中国”建设当中，要在养生保健治未病当中发挥主导作用，在重大疾病治疗当中发挥协同作用，在疾病康复当中发挥核心作用。这三个作用实际涉及疾病的全部周期，从疾病预防、治疗到康复，中医都要发挥作用。所以我们说在“健康中国”建设当中，中国的政策就是中西并重。中医和西医各有各的长处，应该把两者的优势发挥出来，优势互补，来解决疾病防治的问题。这是中医的特色，也是优势。

记　者：如何充分发挥中医的独特优势，提高中医的服务能力呢？

张院士：中医的优势第一个是在临床，第二个是在基层，所以一定要加强基层的中医服务能力建设。目前基层的中医服务能力还比较差，差在哪里？差在看病的质量上。好大夫下不去，而基层的医务人员又留不住；留住以后，水平提高不了。所以这块儿要下大力气。

记　者：那么怎么解决这个问题呢？

张院士：我认为：第一，要让好的大夫、大医院的大夫能够下到基层去辅导；第二，对基层大夫加强培训，特别是利用现在的多媒体手段、网络信息手段，进行网上培训。当然更好的是上下联动，信息互通。基层可以把有些问题通过远程会诊系统拿到上边，请专家来帮着会诊。这些办法都是可以的，并且现在已经在做试点，只是要加大支持力度，加快这个进程。

记　者：在加强中西医结合，提高重大疑难症的临床疗效上，您有怎样的建议？

张院士：实际上在很多疾病的治疗上，中西医各自有各自的优势。有些疾病看中医好，有些疾病西医治疗有优势，应该通过优势互补，各自发挥各自的作用。现在我们希望能够明确哪个病看中医好，哪个病看西医好，让病人有所选择。例如感冒这样的病很常见，但是中医效果好。像有些消化系统的疾病、老年疾病，有些妇科疾病都是中医效果好。中医要多看看这样的病。有些外科疾病，一些重症急症，那就是西医效果好，要首先去看西医。当然很多疾病到了慢性阶段，中西医结合好，像糖尿病，西医的降糖效果好，而中医对预防糖尿病并发症的效果好。这不就是要各自发挥各自的作用吗？肿瘤病人要早诊断早治疗，治疗的时候，只要身体允许，能手术的就手术，能化疗的就化疗，同时加上中医保健来预防不良反应，也挺好。对于上年纪的病人来说，手术未必是最好的选择，保守治疗可能更好。让病人带瘤生存，提高生存质量，这也不失为一种选择。这就是中西医各自的优势。

记　者：随着健康知识逐渐普及，目前在网上，包括在朋友圈中，养生类的文章越来越多。面对这些文章，人们应该如何辨别真伪呢？对于如何更加有效地传播中医的养生知识，您有怎样的建议？

张院士：这个情况应该用八个字来概括："鱼目混珠，参差不齐。"普通的老百姓确实很难判断是与非。我也经常看这些东西，有时我也会哑然失笑，觉得有些文章不靠谱儿。可是老百姓又很关注，这种传播又是很好的手段。所以我说要加强正面引导，加强规范管理。讲这些知识的人是要有资质的，本身要懂医。有的人，甚至是在主流媒体上说那些话的人，本身就不是医生，甚至是托儿，那怎么能行？有的人是搞文字的、搞文学的，甚至是搞古文的，他们也来讲很多中医知识，特别是临床防病治病的知识，那就不靠谱儿了，还是得请医生讲。大医院的专家们也要抽出一点儿时间来写一些科普的文章，讲一些科普的知识。提高国民的健康素质也是中医现代化的标志。让老百姓能够提高关于健康的知识素养，这也是我们建设"健康中国"的主要内容。

第7课　中国建筑

三、根据拼音写出词语，并选词填空。

气魄　　部署　　岛屿　　俯瞰　　序幕　　照耀

1. 岛屿　　2. 俯瞰　　3. 部署　　4. 气魄　　5. 序幕　　6. 照耀

四、易混词辨析。

布局　　部署

1. 部署　　2. 布局　　3. 布局

［辨析］

“布局”和“部署”都是动词，都有“对事物进行安排和布置”的意思。

“布局”侧重于“局”，强调从全局角度对事物的结构、格局进行全面的规划和安排，对象多为绘画、文章、棋类游戏、工业、城市建设等，例如“图画布局”“工业布局”。

“部署”侧重于“署”，强调对各种力量的配置、机构的调整、人员的调动等，多用于重大事情上，对象多是战略、战役、工作等，例如“战略部署”“部署工作”。

秩序　　次序

4. 秩序　　5. 次序　　6. 秩序

［辨析］

“秩序”和“次序”都是名词，都含有“按照一定的规则排列出的状态、先后等”的意思。

“秩序”强调在有顺序的排列下达到不混乱、有条理的状态，例如“排队秩序”“维持秩序”“社会秩序”。

“次序”侧重说明一种顺序，一种按照地位、重要性、等级高低等序列标准排列的顺序，例如“发言次序”“入场次序”等。可以说先有“次序”，然后才能有“秩序”。

衬托　　烘托

7. 衬托　　8. 烘托　　9. 烘托

［辨析］

“衬托”和“烘托”都是动词，都有“陪衬、对照”的意思，即用一种事物做背景或对照，以便凸显另一种事物。

“衬托”是用两种相似或相对的事物进行对照、映衬，以此来达到凸显其中某一事物的效果，重在说明一种事物对另一种事物的表现作用。例如：绿叶衬托着红花。

“烘托”本是一种国画画法，是用水墨或淡的颜色点染某一物象的轮廓，使其更鲜明。因此“烘托”主要通过对事物（或形象）外在侧面的描写来实现对某事物的凸显，重在说明外在的环境、背景对某事物的表现作用。例如：她的声音在肃穆气氛的烘托下，显得既清晰又动人。

五、给下列句子排序。

1. A　2. B

七、听第一遍录音，选择正确答案。

1. B　2. C　3. B　4. C　5. C　6. B

十、请将古文改写为现代汉语。

1. 歌台上由于歌声响亮而充满暖意，有如春光融和；舞殿上由于舞袖翻飞而充满寒意，有如风雨凄凉。一天之中，一座宫殿内，气候却不一样。

2. 可叹啊！一个人的意愿，也就是千万人的意愿啊。秦皇喜欢繁华奢侈，人民也顾念他们自己的家。为什么掠取珍宝时连一锱一铢都搜刮干净，耗费起珍宝来竟像对待泥沙一样呢？

3.（秦王朝灭亡得太迅速，）秦人还没工夫哀悼自己，可是后人哀悼他们；如果后人哀悼他们却不把他们作为鉴戒来吸取教训，也只会使更后的人又来哀悼这后人啊。

听力录音文本

建筑与艺术

采访者：潘冀先生您好，您是建筑师，我有个比较宏观的问题：在这么多年的建筑师生涯中，您觉得艺术跟建筑的关系是什么？

潘　冀：建筑属于视觉艺术，同时也是应用艺术。相比于绘画，建筑对人的影响更大，更长久。一幅画喜欢就看，不喜欢就收起来，然而建筑一旦建成，就要接受所有人的检阅、评价。所以一个建筑必然体现了一名建筑师的修养、眼光和胸怀。对建筑系的学生来说，一些人文素养方面的课程是必不可少的，除了艺术之外，在大学时我兼修了社会学、心理学、逻辑学等等。这些并不能马上应用到实践中，但它们会潜移默化地改变你对事物的感受和看法。

采访者：有的建筑师说，做设计的时候，就怕甲方、开发商太有创作激情。他们不需要建筑师设计，需要的只是帮他们画图。您怎么看待这种情况？有什么办法能让建筑师自己的意愿充分表达出来呢？

潘　冀：我也常常碰到这样的情形。建筑师的执照、建筑师的权限是社会给予我们的。俗话说，权力越大，责任越重。既然社会赋予了我们这么大的权力，我们就有义务替社会把关。来自多方的阻力可想而知，当中少不了沟通、讨论、引导，因此你要做更多的功课去坚持你的想法。比如说，有个业主很有想法，但是从专业角度来看，他的想法并不是最好的选择。你千万不要一口否决，因为他的想法确实有优点。我们所要做的就是如何避免其中的缺点。你应该做的事是深入地探讨和了解他的想法背后的真正原因。很多时候，他的想法只是一个很表象的东西，你知道了背后的真正原因，加上你已经做了很多功课，同时提供给他更多、更好的选择，并耐心地、缜密地给他讲解和分析每一种选择的优缺点，我想绝大部分人都会发自内心地感谢你。他会觉得你确实做了很多功课，不是糊弄他或者只是做他的"应声虫"，你是真的很用心地替他想。同时你尽量让他参与到分析中来，让他觉得有参与的感觉，让他有一种主导设计的感觉。当你把最好的选项摆在他面前时，他就会欣然接受了。这些并不是奸诈的行为，而是通过专业性的引导顺利达成目的。通常我们不要直接对他们的意见说"不"，而是要和他们进行沟通。大多数人还是通情达理的。

采访者：潘先生，现代设计革命是跟工业革命相关联的，因为要适应生产力的发展，所以产生了这样一种革命。而我们这个时代，信息化是最先进的生产力。那么，请问您，将来是否会产生建筑与信息化的关联呢？另一方面，现在很多设计师希望往回看，就是回溯到更乡土、更具人情味的建筑。一个是向前看，一个是往回看，对这两种方向您是如何理解的呢？

潘　冀：现代建筑之所以发展，正如你所说，是因为工业革命之后大量的工业化生产，随之而来的是人口由农村迁移到城市，带来的是对住房需求的急剧增长。所以不能像以前那样，一个教堂靠人力可能要盖上百年，现在必须得在建筑方面进行工业化。工业化，简单来说，就是模具化的生产。这是一个正面的潮流，但是它应用得过于广泛之后就变得制式化了，没有什么特色了。现代建筑在 20 世纪 30 年代、40 年代的时候，确实是有很多正面影响。那些建筑大师们都非常认真地去研究比例，虽然那时的建筑是很工业化的，但还是兼具基本的美学。可后来这样的建筑被大量复制之后，就变得完全没有特色了。所有旧的东西都不见了，新的东西都长成一个样。大家慢慢地觉醒了，所以从 70 年代左右开始有了后现代风潮。是不是要回头看看希腊、罗马？可不可以把那些元素再用到建筑上？有素养的建筑师把这些用得很好，使现代建筑不再那么枯燥，而且有异域性的表现。但假如变成纯形式的，戴个瓜皮帽就叫作欧洲的古堡，这又变得非常虚、不合理，所以后现代风潮很快就过去了。但它把建筑艺术从现代主义的精准、绝对工业的形式中解放了出来。其实，后现代风潮在某种程度上也是在模仿旧的东西。后现代风潮过了一段时间后，又出现了很多被模仿得乱七八糟、表现得很假的东西。大家就想，在垂直、水平、方正的基础上，可不可以扭曲一点儿、变化一点儿？因此产生了解构主义的想法。于是这一时期的建筑有了很多的扭曲、变化，这个思潮就应运而生了。人类的文明史就是不断追求更好、更对的生活方式的历史。这并不是对旧事物的否定，也不是说工业革命的东西不好，而是在探求怎样使正确的、美好的东西与自己的时空融合在一起，塑造出更加美好的事物。

第8课　大国工匠

三、根据拼音写出词语，并选词填空。

栋梁　赞誉　缜密　丰沛　慎独　跬步　楷模

1. 慎独　2. 赞誉　3. 楷模　4. 缜密　5. 跬步　6. 丰沛　7. 栋梁

四、易混词辨析。

保障　保证

1. 保障　2. 保障　3. 保证

[辨析]

“保障”和“保证”都是动词，都有“确保”的意思。

“保障”更强调“保护”义，保护生命、财产、权利等不受到侵犯和破坏，如“保障人身安全”“保障受教育权利”等。“保障”还可以做名词，指“起到保护作用的事物”。如：健康的身体是工作的保障。

“保证”侧重于强调“担保做到”，后面的宾语常常是小句。如：我保证下次不迟到。“保证”还有“确保达到一定的要求和标准”的意思，这时宾语可以是名词或短语，例如“保证时间”“保证质量”。“保证”也可以做名词，指“作为担保的事物”。如：团结协作是取得事业胜利的重要保证。

权益　　权利

4. 权利　　5. 权利　　6. 权益

［辨析］

“权益”和“权利”都是名词，都有“应该享有的利益”的意思。

“权益”指公民受法律保护的权利，例如“《消费者权益保护法》”“《妇女儿童权益保护法》”。“权益”在会计学中也指资产，例如“所有者权益”“债权人权益”。

“权利”是指法律赋予人实现其利益的一种力量，与义务相对应，是法学的基本范畴之一，在家庭、社会、国家、国际关系中广泛使用，例如“少年儿童接受义务教育的权利”“选民的权利”等。

体制　　机制

7. 机制　　8. 体制　　9. 机制

［辨析］

“体制”和“机制”都是名词，都有“组织关系、组织结构”的意思。

“体制”更多地用于国家、国家机关、企事业单位等的组织制度，例如“经济体制”“教育体制”“体制改革”。

“机制”泛指一个工作系统的组织或部分之间相互作用的过程和方式，例如“竞争机制”“用人机制”等。除此之外，“机制”还常用于生理、自然领域，指机体的构造、功能和相互关系以及自然现象的规律，如“分娩机制”；或指机器的构造和工作原理，如“计算机的机制”。

五、给下列句子排序。

1. D　　2. A

七、听第一遍录音，选择正确答案。

1. A　　2. B　　3. B　　4. C　　5. B　　6. A

八、听第二遍录音，摘录各位嘉宾的观点，并进行复述。

嘉宾	对工匠精神的理解
董志勇	精益求精、持之以恒、爱岗敬业、守正创新
王晓峰	敬业、精业、奉献
高凤林	思想层面：爱岗敬业、无私奉献 行为层面：开拓创新、持续专注 目标层面：精益求精、追求极致

嘉宾	对工匠精神的理解
李梅宇	爱岗敬业、无私奉献的孺子牛精神 善于学习、勤于攻关的金刚钻精神 专心专注、精益求精的鲁班精神 百折不挠、坚忍不拔的苦行僧精神 传承技术、传播技能的园丁精神 打造品牌、追求卓越的弄潮精神

十、请将古文改写为现代汉语。

1. 臣将要做鐻时，不敢分散一点儿精神，一定要斋戒使心志宁静专一。斋戒三日，不敢有庆贺，得奖赏，获取官爵、俸禄的念头；斋戒五日，不敢想别人批评我的作品笨拙或赞誉我的作品精巧；斋戒七日，则木然不动，忘记我有四肢和形体的存在了。

2. 东野稷凭借驾驭马车的技术去见鲁庄公，他驾车前进后退像绳子一般笔直，左右转弯像圆规画的一样圆。

3. 一会儿，（东野稷）果然因马仆倒而返回了。庄公问："您怎么知道他的马要仆倒呢？"（颜阖）回答说："他的马气力已经用尽了，他还不停地驱赶，所以说他的马要仆倒。"

听力录音文本

工匠精神的意蕴

记　者：我们探讨一个问题，首先要明晰这个问题的内涵和外延。我们注意到，工匠精神被广为传播的同时，也存在其内涵和外延被无限放大的现象。那么，应该如何定义工匠精神呢？或者说，工匠精神包含哪些要素呢？今天我们请到了四位嘉宾，他们或是有一身绝活儿的大国工匠，或是专门研究劳动关系的专家学者，或是经验丰富的工会工作者。现在请他们谈一谈对工匠精神的理解。

董志勇：大家好，我叫董志勇。我认为，工匠精神可以概括为四个方面：精益求精、持之以恒、爱岗敬业、守正创新。精益求精是工匠精神最受称赞之处。具备工匠精神的人，对工艺品质有着不懈的追求，以严谨的态度、规范地完成好每一个零件、每一道工序、每一次组装，小到一支钢笔、大到一架飞机。持之以恒是工匠精神最为动人之处。具备工匠精神的人是向内收敛的，他们隔绝外界纷扰，凭借执着与专注从平凡中脱颖而出。他们甘于为一项技艺的传承和发展奉献毕生才智和精力。爱岗敬业是工匠精神的力量源泉。爱岗敬业是中华民族的传统美德，是一份崇高的精神。“问渠哪得清如许？为有源头活水来”，正是爱岗敬业精神激励着一代代工匠匠心筑梦。守正创新彰显了工匠精神的时代气息。大国工匠们凭借丰富的实践经验和不懈的思考进步，带头实现了一项项工艺革新，牵头完成了一系列重大技术攻坚项目。他们在各自工作岗位上的守正创新正是当今我国时代精神的最好体现。

王晓峰：大家好，我叫王晓峰。我的理解是，工匠精神的内涵有三个关键词：一是“敬业”，就是对所从事的职业有一种敬畏之心，视职业为自己的生命；二是“精业”，就是精通自己所从事的职业，技艺精湛——我们熟知的大国工匠，个个都是身怀绝技的人，在行业细分领域做到了国内第一乃至世界第一；三是“奉献”，就是对所从事的职业有一种担当精神、牺牲精神，耐得住寂寞，守得住清贫，不急功近利，不贪图名利。“敬业”反映的是职业精神，是前提；“精业”反映的是职业水准，是核心；“奉献”反映的是个人品德，是保障。可以说，新时期的工匠精神，是劳模精神、劳动精神的重要体现。不限于企业，包括政府机关在内的各行各业，都有一个敬业、精业、奉献的问题。

高凤林：大家好，我叫高凤林。我觉得可以从三个层面来理解工匠精神：思想层面——爱岗敬业、无私奉献，行为层面——开拓创新、持续专注，目标层面——精益求精、追求极致。不能把工匠精神机械地理解为手工劳动者应该具备的精神，它其实是以产品为牵引，涵养一种专注精神，让人用心用脑，精益求精，追求卓越的效果或者目标。提倡工匠精神，不仅可以帮我们养成严谨、专注的习惯，以此生产出更好的产品，还能作用于人本身，让个人在高度工业化和商业化的社会中找到自我认同。

李梅宇：大家好，我叫李梅宇。我的体会是，工匠精神是一种精神，也是一种品质、一种追求和一种氛围。具体含义与前几位的总结大同小异，应该包括以下几种精神：爱岗敬业、无私奉献的孺子牛精神——大国工匠无一例外是干一行爱一行的爱岗乐岗者；善于学习、勤于攻关的金刚钻精神——大国工匠都是爱学习、善学习的，是持续改善、勇于创新的推动者；专心专注、精益求精的鲁班精神——是努力把品质从 99% 提升到 99.99% 的精神；百折不挠、坚忍不拔的苦行僧精神——大国工匠都是不怕苦不怕难、甘于寂寞、锲而不舍、永远在路上的修行者；传承技术、传播技能的园丁精神——大国工匠都是率先示范，用劳模精神和精湛技能感召人、教育人的典范；打造品牌、追求卓越的弄潮精神——大国工匠守规矩、重规则，也重细节，不投机取巧，都是追求卓越的完美主义者。

第9课 城市与文明

三、根据拼音写出词语，并选词填空。

间歇　生涩　袅娜　俨然　荏苒　渺茫　矍铄

1. 荏苒　2. 生涩　3. 矍铄　4. 间歇　5. 渺茫　6. 俨然　7. 袅娜

四、易混词辨析。

间歇　间隔

1. 间歇　2. 间歇　3. 间隔

［辨析］

“间歇”和“间隔”都可以做动词，都有“隔开一段时间”的基本意义。

“间歇”强调动作、变化等每隔一定时间停止一会儿。例如：在演出间歇，人们可以在音乐厅的大堂聊天儿休息。

“间隔”是指（空间或时间上）隔开，隔绝。例如：两个疗程之间要间隔一周的时间。“间隔”还可以做名词，表示事物在空间或时间上的距离，如“时间的间隔”“菜苗的间隔”等。

生涩　生疏

4. 生疏　5. 生涩　6. 生涩

［辨析］

“生涩”和“生疏”都是形容词，都含有“不熟悉”的意义。

“生涩”主要指言辞、文字或技巧等不流畅，不纯熟。例如：这篇文章文句生涩，读起来不顺畅。

“生疏”强调的是没有接触过或很少接触，或者因为长期不用而不熟练。例如：她脱离课堂太久，当再次站在讲台上时，难免觉得生疏。

喧嚣　　喧闹

7. 喧嚣　　8. 喧闹　　9. 喧嚣

[辨析]

“喧嚣”和“喧闹”都既可以做动词，也可以做形容词，都含有“吵闹、不安静”的基本意义。

“喧嚣”强调声音杂乱，有喧哗而不清静之意，有令人不快的含义。例如：我喜欢周末约几个志同道合的朋友，远离喧嚣的城市，去领略大自然的美景。

“喧闹”重在表明声音大，非常热闹。例如：游乐场无比喧闹，孩子们笑着，闹着，快乐极了。

五、给下列句子排序。

1. A　　2. B

七、听第一遍录音，选择正确答案。

1. B　　2. B　　3. B　　4. B　　5. C　　6. C

十、根据诗的内容，判断正误。

1. ×　　2. √

十一、请将诗句改写为现代汉语。

1. 长安大道连着小巷，四通八达，华美的木车与宝马川流不息。

2. 豪门贵族的车马奔驰，出入于公主的府第，往来于王侯贵族之家，络绎不绝。

3. 车上华盖的支柱上端雕着龙形，就像口中衔着车盖一样，与朝阳相映照；车盖上绣凤叼着流苏，与晚霞相连接。

4. 春日虫类所吐的游丝飘绕着绿树，一群啼叫的娇鸟催开了百花。

听力录音文本

蓝蓝的威尼斯

多么令人向往的威尼斯啊！一到罗马，意大利朋友热情地对我说：“没有到过威尼斯，就不算来过意大利。她是世界上最有魅力的城市，亚得里亚海滨的一串明珠。”果真，明珠正迎着人们闪闪发光哩！——118个岛屿、177条大小河道相互沟通，由401座各式各样的桥梁串连缀接而成的“水都”，就像颗颗珍珠连缀起来的瑰宝。入夜，灯光映着碧水，明月照亮大海，泛舟在亚得里亚海滨像进了水晶宫一般，真是人间奇景。

亚得里亚海的瑰宝是威尼斯人用双手雕塑起来的。这个城市已有1400多年的历史了。公元5世纪，罗马帝国日趋衰亡，威内托人为了躲避外敌侵略，离开大陆逃到亚得里亚海边的岛屿定居。到15世纪，威尼斯成为意大利最富强的“海上”共和国。当时，威尼斯的军舰商船威震地中海，威尼斯商人的足迹遍布欧、亚、非三洲，莎士比亚的《威尼斯商人》描绘的就是当时的情况。

威尼斯是一个奇特的城市，这里不是“开门见山”，而是“开门见水”。听说，原先这里像太湖水乡，也有说类乎苏州城。其实，威尼斯是威尼斯，她有独特的瑰丽的形象。这里没有汽车，大小船挤在大运河里，穿梭般地来往不绝。我们登上汽船，观赏两岸风光，十四五世纪的哥特式建筑、文艺复兴时代的宫殿和贵族院落，鳞次栉比。泛舟在大运河上，就像在参观欧洲建筑艺术博览会。汽船穿过一座座桥梁，其中有一座全由大理石建成的李亚度桥，特别引人注目。这是1592年建成的独孔拱桥，雕刻精细，造型优美，桥上两侧开设商店，别具一格。汽船向前驶去，河道逐渐开阔，现代化的摩托艇、汽艇和古老的“公朵拉”并行。“公朵拉”是一种小游船，翘着头尾，由船夫摇橹，供游客饱览两岸风光。据说历史上盛时有一万多艘，现在只保留四百艘了。

圣马可广场和圣马可教堂是威尼斯最著名的名胜古迹，拿破仑把圣马可广场称为世界上最美丽的广场。广场两侧是旧宫殿，底层是各色店铺、餐厅和咖啡馆，出售各色食品和威尼斯名产玻璃器皿、花皮革制品等。深秋的威尼斯，绚丽多姿，游客如云，广场上千百只灰鸽争相啄食，供人拍照、逗乐；穿梭般来往的船艇，迎着飞翔的海鸥，构成一幅美丽、和谐、幸福的画卷。在广场的一侧，有一座“叹息桥”。据说，这是被判处死刑的囚犯从监狱走向刑场的“必经之路”，犯人经过这里看到圣马可广场的一角美景，无不感叹不已，所以它叫“叹息桥”。

威尼斯人民和中国人民有着深厚的友谊，亚得里亚海水和太平洋的怒潮是相通的。威尼斯朋友用面条儿、肉饺招待我们，据说这些是马可·波罗从中国带来的，现在成了意大利人每餐必备的食品。这位大旅行家至今还被意大利人民所怀念，威尼斯的机场就是用马可·波罗的名字命名的，称为马可·波罗机场。威尼斯人还保存着马可·波罗时代的帆船。你看，停泊在里阿托岛海滨的古意大利的帆船仿佛正准备扬帆出海。又是马可·波罗和他的伙伴驶向中国吗？不，威尼斯的新一代正满怀威尼斯人民的友谊，登上马可·波罗机场上的客机，飞向遥远的东方……

第10课 旅行

三、根据拼音写出词语，并选词填空。

琵琶 消遣 吆喝 岿然 碉堡 趑趄 澎湃

1. 趑趄 2. 吆喝 3. 岿然 4. 碉堡 5. 澎湃 6. 消遣 7. 琵琶

四、易混词辨析。

刚健 刚劲

1. 刚健 2. 刚健 3. 刚劲

[辨析]

“刚健”和“刚劲”都是形容词，都有“有力”的意思。

“刚健”侧重强调坚强而有力，刻画的是刚强、雄伟的形态，常常描述性格、艺术风格等，例如“画风刚健”。

“刚劲”侧重强调挺拔而有力，刻画的是强劲、刚硬的风格，常常描述姿态，如“刚劲的松枝”，也常描述艺术风格，主要集中在书法艺术领域，例如“笔力刚劲”。

端详 端量

4. 端详 5. 端量 6. 端详

[辨析]

“端详”和“端量”都是动词，都有“仔细看”的意思。

“端详（xiang）”重点强调看得非常仔细。例如：我端详了半天，也没认出他是谁。另外，“端详（xiáng）”还可以做名词，意为“详细的情况”，如“细说端详”；还可以做形容词，意为“端庄安详”，如“举止端详”。

“端量”含有“仔细看后评价、估计”的意思。例如：我留心端量着他。

黯淡 昏暗

7. 昏暗 8. 黯淡 9. 黯淡

[辨析]

“黯淡”和“昏暗”都是形容词，都有“光线不足，不明亮”的意思。

“黯淡”除了有“光线不足”的意思外，还有“色彩不鲜明”的意思，如“颜色黯淡”。“黯淡”还可以引申为表示没有希望，境况悲惨，如“前途黯淡”。

“昏暗”主要描述光线微弱、模糊不清的情况，如“昏暗的房间”。

五、给下列句子排序。

1. A　2. C

七、听第一遍录音，选择正确答案。

1. A　2. C　3. A　4. A　5. B　6. C

十、请将古文改写为现代汉语。

1. 如有空闲时间，就慢慢地行走，无拘束地游玩。每日和那些同伴登高山，入深林，走到曲折溪流的尽头。幽僻的泉水，奇异的山石，没有一处僻远的地方不曾到过。

2. 辽阔浩渺啊，与天地间的大气合一，而不能触到它的边际；悠然自得啊，和大自然交游，而不知它的尽期。（于是我们）拿起酒杯斟满酒，喝得东倒西歪地进入醉态，不知太阳下了山。

3. 灰暗的暮色，由远而至，直到看不见什么了，还不想返回。（我只觉得）心似乎已经凝结，形体似乎已经消散，与自然界万物不知不觉地融为了一体。游过西山后才知我以前不曾真正游赏过，真正的游赏是从这里开始的。

听力录音文本

文旅融合，休闲西溪

记　者：杭州素有“天堂”之美称，西溪湿地的洪园位于历史文化厚重的杭州。今天我们有幸采访到杭州西溪湿地公园管委会办公室党主任郭迎辉。郭主任您好，西溪湿地的洪园有着怎样的历史文化？洪氏文化有着怎样的传承呢？

郭迎辉：洪园是西溪湿地的一部分，它最为著名的就是拥有洪氏家族文化和五常水乡文化。钱塘洪氏家族诗礼传家，久盛不衰，被誉为“钱塘望族”。洪氏家族对西溪湿地的影响非常大，西溪湿地的许多文化传统、民间习俗，直接源于洪氏家族。因此洪氏文化也成为杭州城市文化品格和人文精神的重要组成部分。游客在洪园观景的同时还能了解这里的历史人文内涵，这是旅行更深刻的意义所在。

记　者：西溪的洪园通过哪些方式吸引游客呢？

郭迎辉：我们根据洪园当地节气、文化、民俗等元素策划了四季主题活动。一方面重视宣传推广，另一方面重推体验项目，让游客亲身体验，感受乐趣。我们以此方式自然而然地吸引游客。

记　者：听说西溪的洪园有“生态西溪”“人文西溪”“艺术西溪”的特质，那么洪园是怎样把浓浓的节日气氛与洪园文化结合起来的呢？

郭迎辉：“生态西溪”表现在：春节期间的洪园梅花盛开，芬芳满园，是乘坐摇橹船曲水寻梅的美妙时机；春季时分，春暖花开，绿意盎然，洪园美不胜收，我们通过游园会的形式让游客感受湿地生态环境的美好；秋季的火柿节、冬季的干塘节向游客展示了洪园的物产丰富，采柿、捕鱼活动让游客流连忘返。“人文西溪”表现在：洪园的五常十八般武艺和五常龙舟胜会是国家级非物质文化遗产，游客在所有节假日都可以观看到传承人表演五常十八般武艺。每年端午节都举办龙舟竞渡活动。从 2011 年开始，“中国名校龙舟竞渡”就成为西溪龙舟文化节的一大亮点，来自中国多所高校的学生龙舟队齐聚洪园，划桨比拼，龙舟争霸，传承和弘扬中华民族的龙舟文化。“艺术西溪”表现在：每年秋季都举办火柿音乐节，有不同风格的艺术表演，例如，2018 年国庆我们为游客准备了独具韵味的“朝丝暮响”民乐昆曲音乐汇。在洪园方塘水上舞台上，江南丝竹音乐和昆曲经典结合，民乐名家和昆曲名角同台展演，音乐艺术之美与洪园唯美风光有机融合，让游客充分感受江南古典文化的魅力。

记　者：西溪湿地是国家湿地公园，洪园今年将有哪些新举措推进文旅融合，吸引更多游客呢？

郭迎辉：首先，继续推广“清风之旅·家风文化专线”。2016 年西溪洪园推出了一条“清风之旅·家风文化专线”，市民们可以坐着游船，在河网密布的水道中品莲心茶、看视频、听讲解、观文化展馆，感受洪氏特别的家风文化。其次，新推“洪氏家风之旅·亲子专线”。这条专线特别适合亲子家庭，让孩子们在湿地自然环境中接受科普知识，传习和继承中华传统家训家规文化，树立文化自信。第三，重推西溪洪园实景演艺项目。推出演艺项目“景秀西溪”，以洪昇创作《长生殿》的历史人文故事和西溪湿地洪氏家族历史文化元素为创作素材，打造杭州首台行进式情景体验秀。